Kinder? Na klar!

campus concret
Band 6

Angelika Thiel arbeitet seit mehreren Jahren als Sozialwissenschafterin zum Thema lesbische Elternschaft. Sie ist darüberhinaus ausgebildete Erzieherin und lebte selbst jahrelang als Co-Mutter in einer lesbischen Beziehung

Angelika Thiel

Kinder? Na klar!

Ein Ratgeber für Lesben und Schwule

Campus Verlag
Frankfurt/New York

Die Deutsche Bibliothek – CIP-Einheitsaufnahme

Thiel, Angelika:
Kinder? Na klar! : ein Ratgeber für Lesben und Schwule /
Angelika Thiel. – Frankfurt/Main ; New York : Campus Verlag,
1996
(Campus concret ; Bd. 6)
ISBN 3-593-35565-5
NE: GT

Umschlaggestaltung: Guido Klütsch, Köln
Umschlagmotiv: vorne © Tina Hager/Focus; Lisa und Karen mit Sohn Garry.
hinten © Gunnar Hammer, Hamburg
Satz: Fotosatz L. Huhn, Maintal-Bischofsheim
Druck und Bindung: Friedrich Pustet, Regensburg
Gedruckt auf säurefreiem und chlorfrei gebleichtem Papier.
Printed in Germany

Inhalt

Einleitung

In Deutschland leben ca. zwei Millionen lesbische Mütter und schwule Väter, die rechtliche und soziale Gleichberechtigung fordern. Obwohl die Medien das Thema inzwischen häufig aufgreifen, fühlen sich viele Lesben und Schwule mit Kindern allein gelassen und suchen vergeblich nach Orientierungshilfen. Ratsuchende Betroffene, aber auch Erziehungs- und Familienberatungsstellen, Familiengerichte, Adoptions- und Pflegekindvermittlungsstellen und, nicht zu vergessen, Pädagogen und Politiker sollen in diesem Buch Hinweise und wertvolle Informationen finden, um Probleme der lesbisch-schwulen Elternschaft zu lösen und Vorurteile abzubauen. Lesben und Schwule, die Kinder haben oder sich welche wünschen, werden mit praktischen Ratschlägen bei der Umsetzung ihrer Lebensplanung unterstützt. Dennoch: Patentrezepte zur Bewältigung von Konflikten sollten Sie nicht erwarten. Jede Situation erfordert eine eigene Lösung. Es gibt jedoch bestimmte allgemeine Grundsätze und Strategien, die dabei helfen können, Auseinandersetzungen zu entschärfen oder zu vermeiden.

Um eine umfassende Darstellung des Themas zu gewährleisten, wurden zahlreiche Gespräche und Interviews mit Betroffenen und ExpertInnen geführt. Es kommen Lesben und Schwule zu Wort, die ihre Kinder aus früheren heterosexuellen Beziehungen nun in Zwei-Mütter- oder Zwei-Väter-Haushalten großziehen, aber auch Alleinerziehende und Paare, die Kinder in Pflege genommen oder adoptiert haben, sowie Lesben und Schwule, die sich ihren Kinderwunsch per Insemination erfüllt haben. Zahlreiche Gespräche wurden auch in den USA, in Australien und Neuseeland geführt, Ländern, in denen Homosexuellen aufgeschlossener begegnet wird als in Deutschland. Oftmals leben die gleichgeschlechtlichen Elternpaare dort in Wohngebieten mit einer ausgeprägten homosexuellen Infrastruktur, so daß die Kinder sich aufgehoben und sicher fühlen können. Deshalb fallen die Schilderungen der dort Befragten oft sehr positiv aus.

Ungeachtet der Tatsache, daß Lesben und Schwule vergleichbare Diskriminierungserfahrungen machen, ist ihre Lebensweise unterschiedlich, denn Frausein in dieser Gesellschaft bedeutet etwas völlig anderes als Mannsein. Schwule gehören als Männer einerseits zur dominanten gesellschaftlichen Gruppe, sind als Homosexuelle jedoch benachteiligt. Lesben hingegen machen diese Erfahrung sowohl wegen ihres Geschlechts als auch wegen ihrer sexuellen Veranlagung. Auch auf der Beziehungsebene zeigt sich zwischen Frau und Frau eine andere Dynamik als zwischen Mann und Mann. Trotzdem wird, der Einfachheit halber, in diesem Buch oftmals von einer lesbisch-schwulen Elternschaft die Rede sein. Die Verwendung des Begriffs »lesbisch-schwul« soll dazu beitragen, Frauen auch sprachlich sichtbar zu machen. Bei gravierenden Unterschieden wird explizit auf Lesben und Schwule eingegangen.

Im ersten Kapitel werden die gesellschaftlichen Rahmenbedingungen lesbisch-schwuler Lebensweise aufgezeigt. Ein Buch für und über gleichgeschlechtlich lebende Eltern kommt nicht darum herum, nach den Gründen der Diskriminierung zu fragen.

Im zweiten Kapitel stehen die Realisierung des Kinderwunsches und damit vor allem die praktischen Fragen im Vordergrund. Ist eine Insemination in der Bundesrepublik durchführbar? Wer kommt als Vater in Frage: eher ein anonymer Spender oder ein guter Freund? Wie sieht die Rechtslage aus, wenn das Kind da ist? Wie stehen die Chancen für eine Pflegekindschaft oder Adoption? An wen können sich lesbische Frauen und schwule Männer wenden? Und last but not least: Welche Möglichkeiten bietet das Ausland?

Um Lust und Frust praktizierter Elternschaft geht es im dritten Kapitel. Hier schildern lesbische Mütter und schwule Väter ihren Alltag mit den Kindern und ihre Strategien der Konfliktbewältigung. Wie verändert sich die Paarbeziehung durch ein Kind? Wie stellen lesbisch-schwule Eltern ihre Lebensform nach außen dar, und wie reagiert ihre Umgebung darauf? Welche Probleme und Fragen ergeben sich in der Erziehung.

Oft wird unterstellt, daß die Lebensform lesbisch-schwuler Eltern negative Auswirkungen auf die Kinder habe und sie vom heterosexuellen Umfeld isoliere. Deshalb stellt sich die Frage, wie die Kinder diese »exotische« Form der Elternschaft empfinden. Wie reagieren sie auf ein Coming-Out der Eltern? Wie erleben sie die »andere« Lebensform? Wie offen sind sie Gleichaltrigen gegenüber? Und wie verhalten sie sich zum anderen Geschlecht? Um diese Fragen geht es im vierten Kapitel, in dem betroffene Kinder selbst zu Wort kommen.

Am Ende des Buches folgt eine umfangreiche Liste mit Adressen, an die Sie sich mit Fragen und Problemen wenden können, und eine Auswahl weiterführender Literatur.

1.

Zur gesellschaftlichen Situation von Lesben und Schwulen

Lesben und Schwule leben in einer paradoxen Situation: Einerseits scheint ihre sexuelle Orientierung mittlerweile durchaus salonfähig geworden zu sein, nicht zuletzt durch Sympathieträger in den Medien – man denke z.B. an Alfred Biolek. Wir sehen den Schwulen in der *Lindenstraße*, eine Talkshow mit lesbischen Müttern und zur besten Sendezeit in der ARD einen Film über das Coming-Out einer jungen Lesbe. In den USA wirbt IKEA seit Anfang 1994 mit einem Spot, in dem das schwule Paar Mitch und Steve über die Vorzüge eines Ausziehtischs plaudert (*Der Spiegel* 15, 1994). Eine Konsumgüterwerbung mit Homosexuellen hatte es bis dato selbst im US-Fernsehen nicht gegeben. Um aufgeregte Gemüter zu beruhigen, wird sie allerdings erst nach 22 Uhr ausgestrahlt.

Ganz im Gegensatz zur medialen Wirklichkeit, die einem scheinbar aufgeklärten und offenen Fernsehpublikum präsentiert wird, müssen Lesben und Schwule, die sich öffentlich zu ihrer Lebensform bekennen, mit Anfeindungen, Diskriminierungen und Sanktionen rechnen. Dank der Lesben- und Schwulenbewegung haben sich in den letzten Jahren Homosexuelle zunehmend in gesellschaftliche und politische Institutionen wie Parteien, Gewerkschaften und Kirchen eingeklinkt. Immerhin konnten sie damit erreichen, daß ihnen viele Menschen nun toleranter gegenüberstehen und das gesellschaftliche Klima, in dem sie leben, sich verbessert hat. Vor allem in den Großstädten ist das

Selbstbewußtsein vieler Lesben und Schwulen gewachsen, hat sich hier doch meist eine eigene »Szene« bzw. Infrastruktur entwickelt. Immer mehr Homosexuelle zeigen ihre Zuneigung zum eigenen Geschlecht auch in der Öffentlichkeit.

Doch Toleranz ist nicht gleich Akzeptanz. Die Politiker der Bundesrepublik reagieren sehr zurückhaltend und zögerlich auf die Anliegen der homosexuellen Bevölkerung. Entwürfe zu Antidiskriminierungsgesetzen, die in etlichen westeuropäischen Staaten, in einigen Bundesstaaten der USA und Kanada sowie in Neuseeland und Australien seit mehreren Jahren gelten, verstauben hier in den Schubladen der GRÜNEN oder der PDS.

Hierzulande erleben Lesben und Schwule noch immer Ausgrenzung, Gewalt und Diskriminierung, insbesondere wenn es um rechtsstaatliche Forderungen geht: Wollen sie die gleichen Rechte wie Heterosexuelle und rütteln dabei an den Grundpfeilern unserer Gesellschaft, reagieren Allgemeinheit und Politiker mit einem Aufschrei des Entsetzens. Äußerungen zur Frage der Homo-Ehe wie »Die Ehe von Homosexuellen ist eine pervertierte Variante der Ehe« stellen keine Ausnahme dar. In fortschrittlicheren Ländern wie Schweden und Dänemark hingegen können Lesben und Schwule zumindest eine registrierte Partnerschaft eingehen.

Gegenwärtig befinden wir uns in einer Umbruchsituation. Auf kirchlicher und politischer Ebene beginnt man endlich, sich mit dem Thema Homosexualität auseinanderzusetzen, wie die längst überfällige Streichung des Paragraphen 175 belegt. Den Kirchen blieb – nach zahlreichen Kampagnen, in denen schwule Pastoren und Bischöfe öffentlich geoutet wurden – gar nichts anderes übrig, als sich mit der Homosexualität auseinanderzusetzen.

Es sollte jedoch nicht vergessen werden, daß die Debatte um das Outing auch die gesellschaftliche Situation von Homosexuellen widerspiegelt: Das Outing funktioniert nur, weil vorher ausgegrenzt wurde. Gäbe es keine Diskriminierungen und Sanktionen homosexuell Liebenden gegenüber wäre ein Outing wirkungslos. Welcher Heterosexuelle gerät je in die Lage, sich für seine Sexualität rechtfertigen zu müssen?

Offensive Politiker versuchen immer wieder, durch entsprechende Eingaben die politische Akzeptanz Homosexueller voranzutreiben. Diese Politiker wenden sich gegen die Diskriminierung von Lesben und Schwulen und fordern eine öffentliche Auseinandersetzung über deren Situation. Zwar wurde z.B. die Große Anfrage der PDS-Bundestagsfraktion *Lesbisches oder schwules Leben – eine Lebensweise unter vielen* von der Bundestagsverwaltung nicht akzeptiert, weil der Titel »appellativen Charakter« habe, jedoch mit der Formulierung *Die Situation von Lesben und Schwulen in der BRD* angenommen. Noch im Jahr 1988 durften Begriffe wie »lesbisch« oder »schwul« im Bundestag nicht verwendet werden, da dies »der Gosse zugehörige Vokabeln« seien, die nicht in den Publikationen des »Hohen Hauses« erscheinen dürften (Oesterle-Schwerin 1989, 204).

Die gesellschaftlichen Institutionen sind gefordert, ihren Teil zur Aufwertung und Anerkennung homosexueller Lebensweisen beizutragen. Eine Änderung gesetzlicher Regelungen allein ist nicht ausreichend – auch die öffentliche Auseinandersetzung mit lesbisch-schwulen Lebensformen muß vorangetrieben werden. Aufklärung tut not, denn allzuoft wird Homosexualität noch immer mit Krankheit gleichgesetzt. In vielen Köpfen herrscht auch die irrige Meinung vor, Homosexualität könne nur Männer betreffen. So antwortete bei einer Umfrage eine Frau auf die Frage: »Wie würden Sie reagieren, wenn eines Ihrer Kinder homosexuell wäre?« mit »Das kann mir nicht passieren, ich habe nur Töchter.«

Lesben als Mütter – Schwule als Väter

Ungeachtet der Tatsache, daß weltweit Millionen Kinder von ihren lesbischen Müttern und/oder schwulen Vätern aufgezogen werden, ist dies für viele noch immer ein Tabu im Tabu. Schätzungen zufolge leben in Deutschland über 2 Millionen und in den USA zwischen 6 und 14 Millionen lesbischer Mütter und schwuler Väter. Genauere Daten sind nicht zu ermitteln, denn in statistischen Erhebungen zur Familie, sogenannten Familienberichten, kommen weder Lesben noch Schwule und auch lesbisch-schwule Lebensgemeinschaften nicht vor.

Nach Auffassung der meisten Heterosexuellen haben Homosexuelle keine Kinder. Lesbisch-schwule Elternschaft gilt als ein Widerspruch in sich. Es erscheint paradox, als Lesbe ein Kind zu haben. Leonnie berichtete im Interview folgendes: »Sobald du dich als Lesbe zu erkennen gibst, werden dir die biologischen Fähigkeiten einer Frau abgesprochen. Als ich schwanger war, wurde auf meinen dicken Bauch gestarrt, und ich bekam öfter zu hören: ›Ach, ich dachte, du seist lesbisch.‹«

Kinderwunsch und Mutterliebe gehören in unserer Gesellschaft zur Natur einer »richtigen« Frau. Eine lesbische Frau ist dagegen keine »richtige« Frau – ihr werden Weiblichkeit und mögliche Mutterschaft aufgrund von Vorurteilen einfach abgesprochen: »Mannweiber« kriegen keine Kinder. Lesbische Frauen selbst lehnen Mutterschaft an sich oft ab, weil ihrer Ansicht nach dadurch die Abhängigkeit der Frauen von Männern und sexistische gesellschaftliche Strukturen verstärkt werden.

Gerade für radikale Lesben ist Homosexualität mehr als nur eine Alternative zur heterosexuellen Lebensform – lesbisch zu leben, heißt für sie, sich einer weiblichen Normalbiographie, die Heiraten und Kinderkriegen mit einschließt, zu verweigern. Für diese Lesben hat sich eine lesbische Mutter, auch wenn sie sich »alternativer« Methoden zur Zeugung eines Kindes bedient, mit dem gesellschaftlichen Status quo arrangiert, ja von Ärzten, Kliniken und Politikern abhängig gemacht. Lesbische Mutterschaft ist für radikale Lesben kein Ort der Rebellion, sondern im Gegenteil der Versuch, »wie Heterosexuelle zu sein« (Äußerung auf einer Veranstaltung über *Lesben und Kinderwunsch – ist das eine Modeerscheinung?*).

Lesben entscheiden sich in der Tat aus vielen Gründen für eine Mutterschaft, die mit denen heterosexueller Frauen identisch sind. Der Wunsch nach einem Kind entwickelt sich oft im Verlauf einer intensiven Beziehung, und es ist Unsinn zu behaupten, Lesben wollten Kinder nur, um gesellschaftliches Ansehen zu erlangen.

Unberücksichtigt bleibt bei den meisten Diskussionen über homosexuelle Elternschaft auch die Tatsache, daß die meisten lesbischen Mütter bzw. schwulen Väter ihre Kinder während einer vergangenen heterosexuellen Phase bekamen und verheiratet waren. Viele dieser Mütter und Väter erinnern sich daran, daß sie ihre homoerotischen Gefühle während der Heterobeziehung entweder nicht einordnen konnten oder verdrängen wollten. So erging es Gunna. Er verliebte sich kurz vor seiner Heirat in einen Mann und hoffte: »Wenn ich heirate, geht das weg«. Frauen und Männer, die während ihrer Ehe gleichgeschlechtliche Gefühle wahrnehmen, geraten oft in massive Konflikte, weil sie nicht wissen, wie sie mit sich widersprechenden Handlungsmustern umgehen sollen. Manche von ihnen versuchen über Jahre hinweg, ihre erotischen Sehnsüchte neben der Ehe zu befriedigen, häufig im Geheimen, manchmal aber auch mit Wissen des Ehepartners. Schwule führen häufiger als Lesben ein Doppelleben. Lesben tendieren eher dazu, einen klaren Strich zu ziehen, sich von ihrem Ehemann zu trennen, sich neu im Leben einzurichten und erst dann Kontakte zu anderen Frauen zu knüpfen. Nur in wenigen Ausnahmefällen haben in einer heterosexuellen Beziehung lebende Mütter, die sich zu Frauen hingezogen fühlen, gleichzeitig sexuelle Kontakte zu anderen Frauen.

Einigen wenigen Lesben gelingt es, bei einem gut vorbereiteten One-night-Stand schwanger zu werden, doch ist diese Methode aufgrund der Gefahr, sich mit Aids zu infizieren, nicht sehr verbreitet. Shakti wurde bei einer solchen Gelegenheit völlig ungeplant schwanger. »Ich habe es mir nicht ausgesucht, eine lesbische Mutter zu werden. Ich dachte immer, daß ich niemals Kinder haben oder heiraten würde. Aber damals in England war ich auf einer Party, und es war nur eine Frage von Sex, Drogen und Rock'n Roll. Ich bin total abgestürzt und landete mit diesem Typ im Bett. In dieser Nacht habe ich Zarah empfangen. Sie war mein ›Übergepäck‹, als ich im siebten Monat schwanger wieder nach Hause kam.«

Die Frage nach biologischer Elternschaft wird trotz verschiedenster Diskriminierungen sowohl im homosexuellen wie auch heterosexuellen Umfeld immer öfter gestellt. Insbesondere in den USA ist in den letzten Jahren von einem »Gabyboom« (»gay« + »baby«) die Rede, der sich parallel zu den neuen Reproduktionstechnologien entwickele. Viele Lesben nutzen inzwischen die Möglichkeit, per Insemination Mutter zu werden. Schwule hingegen nehmen vermehrt die Dienste von Leihmüttern in Anspruch. In England und in den Niederlanden ist die Insemination bereits seit den 70er Jahren gang und gäbe. In der Bundesrepublik wurde sie erst ab 1988 im Zuge der in den Medien geführten Diskussion »Lesben und Kinderwunsch« überhaupt zum Thema.

Bei aller Kritik an den negativen Implikationen künstlicher Befruchtung – sie forciert die Auseinandersetzung mit einem Tabuthema und wirft die Frage auf, ob hier nicht bisher unterdrückte Wünsche freigesetzt werden. Dies scheinen zumindest diejenigen Homosexuellen zu bestätigen, die sich nun selbstbewußt zu ihrem Kinderwunsch bekennen und die Möglichkeit lesbisch-schwuler Elternschaft in Erwägung ziehen.

Es ist interessant, daß Gegner lesbisch-schwuler Elternschaft meist mit der Übervölkerung der Welt argumentieren und fragen, warum es denn unbedingt ein eigenes Kind sein müsse. Kein Heteropaar wird mit dieser Frage konfrontiert. Auch technologische Prozeduren zur Erzeugung eines Kindes bleiben bei heterosexuellem Kinderwusch weitgehend unhinterfragt.

Viele Gegner lesbisch-schwuler Elternschaft fordern, Lesben und Schwule sollten sich lieber um eine Pflegschaft oder Adoption statt um ein eigenes Kind bemühen. Doch eine Adoption ist gerade für Homosexuelle ein schwieriges Unterfangen. Und wer wollte einer Frau, die sich ein Kind wünscht, verweigern, es auch auszutragen und zu gebären, wenn sie darauf Wert legt?

In den USA steigt die Zahl von Lesben und Schwulen, die Kinder in Pflege genommen oder adoptiert haben, ständig, in Deutschland hingegen sind Pflegschaft oder Adoption noch die Ausnahme. Vereinzelt gibt es schwule Familien mit Kindern – Fälle, in denen dem Vater das Sorgerecht zugesprochen wurde –, doch manchmal erhalten schwule Väter nach der Trennung nicht einmal das Umgangsrecht.

Trotz deutlich liberaler Tendenzen müssen lesbisch-schwule Eltern noch immer damit leben, daß ihre Lebensform von der Gesellschaft nicht wahrgenommen oder abgelehnt wird. Aus Angst vor Diskriminierung geben sich die meisten Homosexuellen als solche nicht zu erkennen. Es bleibt im Verborgenen, wen sie lieben und wie sie leben.

Die Debatte um die »Rosa-Lila-Ehe«

Es ist bekannt, daß nichteheliche Lebensgemeinschaften juristisch nur unzulänglich gesichert sind und unverheiratete Paare rechtliche Benachteiligungen in Kauf nehmen müssen:

- Die Partner haben vor Gericht kein gegenseitiges Zeugnisverweigerungsrecht.
- Ausländische Partner haben keinen Anspruch auf die Erteilung einer Aufenthaltserlaubnis.
- Weder können steuerlich die Vorteile des Ehegattensplittings in Anspruch genommen, noch kann gegebenenfalls doppelte Haushaltsführung geltend gemacht werden.
- Die Mitversicherung eines geringfügig verdienenden Partners in der gesetzlichen Krankenversicherung ist nicht möglich.
- Die Partner haben weder im Krankenhaus noch im Gefängnis Besuchsrecht und darüber hinaus auch kein Auskunftsrecht
- Im Todesfall sind die leiblichen Verwandten für die Beerdigung zuständig. Alle Renten-, Pensions- und andere Versorgungsansprüche verfallen.
- Selbst wenn beide Partner sich testamentarisch als Alleinerben eingetragen haben, können die Eltern des Toten 50 Prozent des Erbes beanspruchen. Bei verheirateten Paaren beträgt dieser Pflichtteil nur ein Achtel des Erbes.
- Nichteheliche Partner sind keine gesetzlichen Erben und können lediglich 3.000 DM steuerfrei erben, ein Ehepartner hingegen 250.000 DM.
- Werden hingegen beim Wohngeldamt oder beim Sozialamt Leistungen beantragt, wird das Einkommen des Lebenspartners auf die Ansprüche angerechnet, sofern eine

»eheähnliche Gemeinschaft« nachgewiesen werden kann. Das bedeutet in vielen Fällen, daß Hilfen gekürzt oder gar nicht erst bewilligt werden.

Heterosexuelle Paare können sich in vielen Fällen sie benachteiligenden Gesetzen entziehen, indem sie sich als Verlobte ausgeben und damit den Rechtsstatus eines Angehörigen erhalten. Und sie haben immer die Möglichkeit, doch noch zu heiraten. All dies ist lesbischen und schwulen Paaren verwehrt.

Dabei gibt es bis heute kein Gesetz, das eine Ehe zwischen Lesben und Schwulen untersagt. Die Ehe ist gesetzlich nicht als Verbindung zwischen Mann und Frau definiert: Die Partner werden in den entsprechenden Paragraphen geschlechtsneutral als »Verlobte« oder »Ehegatten« bezeichnet. Trotzdem lehnen die Gerichte eine Eheschließung zwischen gleichgeschlechtlichen Partnern ab. Ein immer wiederkehrendes Argument besteht darin, daß gleichgeschlechtliche Paare keine gemeinsamen Kinder haben können. Der Vorsitzende des Deutschen Familiengerichtstages, Willutzki, ist der Meinung, die Ehe diene dazu, das Überleben der Gesellschaft zu sichern, und da »für die Gruppe der gleichgeschlechtlichen Paare die Kinderlosigkeit naturgesetzlich vorgegeben (ist),... darf der Gesetzgeber auch Ungleiches ungleich behandeln und die Gruppe grundsätzlich von der Ehe ausschließen.« (zitiert in: *Lesben. Schwule. Partnerschaften*, 13, 1994) Konsequent zu Ende gedacht, hieße das zum Beispiel auch, daß eine Eheschließung für Frauen nach der Menopause nicht mehr in Frage käme.

Als in den 80er Jahren Lesben und Schwule die Debatte um die Homoehe lostraten, forderten sie vor allem die Gleichbehandlung vor dem Gesetz: Das Grundrecht der Eheschließungsfreiheit müsse auch ihnen zugestanden werden. In Dänemark können sich seit 1989 gleichgeschlechtliche Paare als Partnerschaften registrieren lassen, wenn mindestens einer der Partner Däne ist und seinen festen Wohnsitz in Dänemark hat. Diese Regelung wurde nach und nach von den übrigen skandinavischen Ländern und den Niederlanden übernommen.

Mit dieser »Registrierung« erlangen homosexuelle Paare grundsätzlich die gleichen Rechte wie konventionelle Ehepaare – ausgenommen das Recht zur Adoption eines Kindes, das Recht auf Insemination sowie gemeinsame Elternrechte bei bereits vorhandenen Kindern. Die »Rosa-Lila-Ehe« entpuppt sich also als Ehe zweiter Klasse und taugt lediglich als Kompromiß. Auch bei weitestgehender Toleranz muß die Gesellschaft ihr kostbarstes Gut, die Nachkommenschaft, offenbar vor Homosexuellen schützen. Das Vorurteil, Lesben und Schwule seien zur Kindererziehung unfähig, wurde damit zum erstenmal gesetzlich manifestiert.

In Deutschland stoßen Forderungen nach der Homo-Ehe bisher auf großen Widerstand. Selbst aus dem eigenen Lager, überwiegend aus der organisierten Lesbenbewegung, werden Gegenstimmen laut. Die organisierten Lesben setzen sich mehrheitlich für die Gleichstellung aller Lebensformen ein und lehnen deshalb die staatliche Bevorzugung der Ehe ab. Aus ihrer Sicht würde die Anerkennung der Homo-Ehe bedeuten, ungerechte gesetzliche Regelungen weiter zu manifestieren anstatt sie außer Kraft zu setzen, denn nur die Abschaffung von Eheprivilegien ermögliche eine wirkliche Gleichstellung aller Lebensweisen, also auch die gesellschaftliche Emanzipation von Lesben und Schwulen. Gleichgeschlechtliche Paare, so fordern die Lesben, sollten ohne Zwang zur Ehe rechtlich besser abgesichert werden.

Das Bundesverfassungsgericht zeigte sich dieser Forderung gegenüber relativ aufgeschlossen, als es am 4.10.1993 zwar den Antrag eines gleichgeschlechtlichen Paares auf

Eheschließung ablehnte, gleichzeitig aber die Frage stellte, »ob der Gesetzgeber verpflichtet ist, gleichgeschlechtlichen Partnern eine rechtliche Absicherung zu ermöglichen, oder ob zumindest einzelne Regelungen in verschiedenen Rechtsbereichen der Änderung bedürfen« (BVR 640/93). Aufgrund dessen ist zumindest damit zu rechnen, daß das Gericht in naher Zukunft dem Gesetzgeber aufgeben wird, die Nachteile, die sich aus dem Eheverbot für Lesben und Schwule ergeben, durch besondere gesetzliche Regelungen für gleichgeschlechtliche Lebensgemeinschaften auszugleichen. Die Entschließung des Europäischen Parlaments zur »Gleichberechtigung von Lesben und Schwulen in der EG« vom Februar 1994 zielt in diese Richtung. Darin wird zwar die Ehe als Norm des Zusammenlebens nicht in Frage gestellt, aber die Gleichbehandlung in allen Lebensbereichen gefordert. Darüber hinaus spricht sich das Europäische Parlament ausdrücklich für ein Eheschließungsrecht für gleichgeschlechtliche Paare aus (Pressemitteilung DIE GRÜNEN, vom 8.2.94).

2.

Aus Liebe ensteht ein Kinderwunsch

Für Lesben und Schwule, die sich für ein Kind entschieden haben, gilt die alte Volksweisheit: »Wo ein Wille ist, ist auch ein Weg.« Es gibt die Möglichkeit der biologischen wie auch der sozialen Elternschaft. Auch wenn es gleichgeschlechtlichen Paaren in der BRD nicht gerade leichtgemacht wird, ihren Kinderwunsch zu realisieren, gibt es doch verschiedene Alternativen: Neben der Insemination bzw. Leihmutterschaft sind sowohl Pflegschaft wie auch Adoption möglich. In diesem Kapitel werden die Möglichkeiten nacheinander dargestellt, Probleme analysiert, die rechtlichen Fragen diskutiert und das bestmögliche Vorgehen aufgezeigt.

Mutterschaft durch Insemination

Lesben können in den meisten Fällen nicht auf den »potenten« Mann zurückgreifen, um sich ihren Kinderwunsch zu erfüllen. Wollen sie schwanger werden, müssen sie dies detailliert planen, Vor- und Nachteile abwägen und, wie Louise es ausdrückt, »etwas in die Wege leiten. Solche Dinge passieren nicht einfach, du mußt sie genau planen. Ich hatte so viele Fragen, auf die ich eine Antwort finden mußte. Das war gar nicht so einfach. Über eines war ich mir aber immer im klaren: Es sollte eine Insemination sein.«

Was ist eine Insemination?

Bei einer Insemination wird das Sperma mit Hilfe einer Spritze ohne Nadel oder mit einem Schlauch in die Scheide injiziert. »Inseminare« heißt übersetzt »einsäen«, »befruchten« (von lat. »semen« = »Samen«). Da viele Frauen den Terminus »künstliche Befruchtung« ablehnen, weil er ihrer Meinung nach einer männlichen Sichtweise entspringt, hat sich inzwischen die Bezeichnung »Insemination« als scheinbar neutralere bzw. abstraktere durchgesetzt. Zwei Arten der Insemination sind zu unterscheiden: die heterologe Insemination mit »fremdem« Samen von einem anonymen Spender oder einem Mann, mit dem die Frau nicht verheiratet ist, und die homologe Insemination mit »bekanntem« Samen, nämlich dem des Ehemanns. Häufig wird die Insemination mit der In-vitro-Fertilisation verwechselt, einer reinen Labormethode, bei der Ei und Samen zunächst im Reagenzglas miteinander verschmolzen und dann erst der Frau in den Uterus eingesetzt werden.

Die Vorbereitung auf eine Insemination

Unabhängig davon, ob eine Frau die Insemination zu Hause oder in der Klinik durchführen will, sollte sie genau über ihre fruchtbaren Tage Bescheid wissen. An diesen Tagen steigt die Körpertemperatur leicht an, so daß sich mit Hilfe der Temperaturmessung der Zeitpunkt des Eisprungs relativ genau bestimmen läßt. Um eine aussagekräftige Temperaturkurve zu erhalten, muß jedoch über Monate hinweg zu einem festgelegten Zeitpunkt des Tages regelmäßig gemessen werden. Diese Methode wird von vielen heterosexuellen Frauen zur »natürlichen« Verhütung angewendet.

Frauen mit sehr unregelmäßigem Zyklus können sich einen Ovulationstest kaufen. Das ist sicher kostspieliger, aber anhand des Urins ist es möglich, so ebenfalls die fruchtbaren Tage zu bestimmen.

Selbsthilfegruppen, Gynäkologinnen oder Frauen-Gesundheitszentren können hierbei ebenfalls Unterstützung geben.

Insemination in der Klinik

Die in der Bundesrepublik existierenden Samenbänke können nur von Ehepaaren mit Empfängnis- bzw. Zeugungsproblemen in Anspruch genommen werden. Die Kosten für eine Insemination werden in diesem Fall von der Krankenkasse übernommen. Lesbischen und alleinstehenden heterosexuellen Frauen bleibt die Möglichkeit, sich in einer Klinik befruchten zu lassen, nicht nur in Deutschland, sondern auch in Australien, Neuseeland und in den meisten Bundesstaaten der USA verschlossen. Ausnahmen bilden beispielsweise die Samenbank in Oakland (USA), die seit 1982 existiert, sowie Samenbänke in England und den Niederlanden, die seit Mitte der 70er Jahre Lesben (auch ohne Partnerin) zur Verfügung stehen. Die erste Samenbank ausschließlich für Lesben und Schwule, der »Rainbow Flag Health Service« in Kalifornien, hat im Dezember 1993 seine Pforten geöffnet. Hier stellen ausschließlich schwule Spender ihr Sperma zur Verfügung. Das Programm des »Rainbow Flag Health Service« sieht vor, daß sie mit den Frauen, die eine Insemination wünschen, in Kontakt treten und sich mit ihnen über eine mögliche Teilung der Elternschaft beraten können.

In manchen Kliniken der USA haben Frauen die Möglichkeit, anhand eines Katalogs ihren »Wunschkandidaten« auszuwählen. In den Niederlanden hingegen wird der Spender oftmals von der Klinikbelegschaft ausgesucht. Manuela, die sich einen besonders sportlichen Spender wünschte, erhielt vom Klinikpersonal die Antwort: »Ich denke, dafür müssen Sie später schon selbst sorgen, daß ihr Kind sportlich wird.«

Die Insemination wird in den holländischen Kliniken ohne großes Wenn und Aber und ohne bürokratischen Aufwand durchgeführt (Adressen im Anhang). Es ist nicht einmal eine Überweisung des Arztes erforderlich.

Vorweg wird ein Beratungstermin vereinbart, wobei frau allerdings mit Wartezeiten von mehreren Monaten rechnen muß. Im Beratungsgespräch, das auf Wunsch auf deutsch geführt werden kann, soll geklärt werden, ob die Frau, die sich ein Kind wünscht, sich in einer ausreichend stabilen Lebenssituation befindet. Hierfür existieren keine festgelegten Kriterien, und das ganze Beratungsgespräch ähnelt eher einem »warming-up«, in dessen Verlauf auch die Vorbereitung und die Durchführung der Insemination erörtert wird. Selbstverständlich kann die Lebenspartnerin an allen Gesprächen teilnehmen.

Die Insemination selbst kann nicht über die Krankenkasse abgerechnet werden und ist von daher mit Kosten verbunden. Sie liegen für Beratungsgespräch und Insemination innerhalb von sechs Zyklen insgesamt zwischen 1.350 DM und 1.800 DM, wobei davon ausgegangen werden muß, daß die Summe im voraus zu entrichten ist und vollständig einbehalten wird, auch wenn die Frau schon nach dem ersten oder zweiten Versuch schwanger wird.

Die Frauen, die keinerlei Kontakt zum Spender wünschen, wählen meist diesen Weg, auf dem weder Namen noch sonstige Daten ausgetauscht werden.

Die Insemination in den Kliniken dauert nur wenige Minuten. Oft kann sie auf Wunsch von der Freundin durchgeführt werden. Und was die Legalität betrifft: Über die Grenze nach Holland zu fahren, um eine Insemination durchführen zu lassen, ist genauso legal, wie durch einen unbekannten Urlaubsflirt schwanger zu werden.

Das Sperma, über das dic Kliniken in Holland verfügen, stammt von Männern, die aus finanziellen oder ideologischen Gründen spenden. Sie können später nicht auf eine Anerkennung der Vaterschaft verklagt werden.

In einigen Kliniken und Samenbanken der Niederlande und in den USA kann der Spender bestimmen, ob er anonym bleiben möchte oder nicht. Entscheidet er sich für eine sogenannte Nein-Spende, verweigert er jede Angabe zur Person. Im Falle einer Ja-Spende räumt er dem Kind das Recht ein, ihn als biologischen Vater zu identifizieren, wenn es das 18. Lebensjahr erreicht hat. Auch die Frauen können wählen, ob sie lieber auf das Sperma eines Ja- oder eines Nein-Spenders zurückgreifen möchten.

Es ist in den Kliniken der USA und in den Niederlanden inzwischen üblich, ausschließlich auf gefrorenes Sperma zurückzugreifen.

- Dadurch kann das Aidsrisiko fast ausgeschlossen werden. Denn sechs Monate nach der ersten Spende wird das Blut des Spenders noch einmal untersucht. Ist es wieder HIV-negativ, kann die erste Spende benutzt werden.
- Eine Ansteckung mit sexuell übertragbaren Krankheitenk kann ausgeschlossen werden.
- Das Sperma kann auf seine »Fruchtbarkeit« hin untersucht werden.
- Der Spender muß nicht während der fruchtbaren Tage präsent sein.
- Es kann bei einem weiteren Kinderwunsch auf denselben Spender zurückgegriffen werden.
- Die Anonymität kann voll gewährleistet werden.

Leider verliert das Sperma durch das Gefrieren ca. 30 Prozent seiner »Power«. Die Chance, sofort schwanger zu werden, ist also relativ gering, und unter Umständen müssen zahlreiche Inseminationen durchgeführt werden, bis es schließlich klappt.

Insemination zu Hause

Die Atmosphäre einer Klinik lädt meist nicht dazu ein, sich zu entspannen. Viele Frauen ziehen daher eine Insemination zu Hause vor, was für diejenigen, die ihren Körper genau kennen, auch kein ernsthaftes Problem darstellt. Das Sperma kann beispielsweise mit einer Spritze (ohne Nadel!) aufgezogen werden, die dann vaginal eingeführt wird. Durch Druck auf den Kolben wird das Sperma an den Gebärmuttermund plaziert. Es ist kein schmerzhafter Prozeß, sondern leicht durchführbar, wie das Einführen eines Tampons.

Bei der Insemination ist es wichtig, das Sperma so nahe wie möglich an den Gebärmuttermund zu plazieren. Um ein Zurücklaufen des Spermas zu verhindern, sollte die Frau noch eine Weile liegenbleiben oder ein Diaphragma einsetzen.

Die größten Unsicherheiten werden in bezug auf die Handhabung des Spermas deutlich. Viele Frauen sind der Meinung, sie müßten das Sperma steril aufbewahren und dürften es nicht einmal Sauerstoff aussetzen. Wie beim heterosexuellen Geschlechtsverkehr müssen auch bei dieser Form einer Befruchtung keine besonderen Vorkehrungen getroffen werden. Wichtig ist, frisches Sperma innerhalb von zwei bis drei Stunden zu benutzen. Über die einzelnen Schritte der Selbstinsemination gibt auch eine Broschüre Auskunft, die über das Feministische Frauengesundheitszentrum in Berlin zu beziehen ist (Adresse im Anhang).

Einige Frauen integrieren die Insemination in ihr Liebesspiel u.a. wohl auch deshalb, weil in einigen Handbüchern darauf hingewiesen wird, daß ein Orgasmus den Erfolg einer Insemination erhöhe. Hier muß jede Frau für sich selbst kreative Ideen entwickeln und den geeigneten Rahmen finden. Da es in vielen Fällen erst beim sechsten, zehnten oder zwanzigsten Versuch klappt, kann die Lust allerdings schon mal auf der Strecke bleiben.

Wo kriegt frau das Sperma her?

Da Lesben in Deutschland der Zugang zu den Samenbänken verschlossen bleibt, entschließen sich die meisten, die zu Hause inseminieren wollen, einen Bekannten oder Freund um eine Samenspende zu bitten.

Der erste Blick bei der Suche nach einem »privaten« Spender fällt meistens auf Männer aus dem Freundeskreis. Oft haben Lesben mit Kinderwunsch eine feste Vorstellung, welche Eigenschaften der Erzeuger ihres Kindes mitbringen soll. Einige wählen den Bruder der Freundin, denn in diesem Fall wäre das Kind auch mit ihr verwandt. Die nichtbiologische Mutter wäre dann die Tante des Kindes.

Und was sagen die Spender dazu? Stephen berichtet: »Ich war schon stolz, daß sie mich ausgesucht hatten. Es lief ganz locker, auch wenn es anstrengend war, denn es dauerte über ein Jahr. Ehrlich, ich würde es jederzeit wieder machen.« Alexander dagegen erinnert sich: »Mir war das immer etwas peinlich, und ich war froh, daß es so diskret über die Bühne ging. Louise kam vorbei und nahm das kleine Gefäß, das ich vorher in Alu gewickelt hatte. Fertig. Es ging ganz schnell.« Eine schöne Art, Sperma zu spenden fand Steven für sich: »Gewöhnlicherwiese kam Marga zu uns nach Hause. Mein Freund und ich liebten uns, und wir paßten ganz genau auf, das Sperma in einem Gefäß aufzufangen. Kurz darauf hat Marga in einem anderen Raum inseminiert. Danach haben wir meist noch zusammengesessen. Es hat uns sehr verbunden, und alle warteten immer ganz gespannt auf das Resultat.« Doch es kann auch in Streß ausarten wie bei Freddie: »Auch nach sechs Monaten war Tamsin noch nicht schwanger, und langsam zehrte es an meinen Kräften. Ich wurde schon ein paar Tage vorher verrückt gemacht, den Termin ja nicht zu vergessen und, was auch wichtig war, vorher keinen Sex zu haben.«

Werden Frauen im Freundeskreis nicht fündig, können sie versuchen, über Annoncen oder eine Partnervermittlungsagentur einen Spender zu finden. Einige Frauen wählen bewußt einen Spender, dem bei erfolgreicher Insemination später auch Vaterrechte eingeräumt werden.

Lesben, die einen anonymen Spender wünschen, schalten oft eine Freundin als Vermittlerin ein, die beide »Parteien« kennt und bei sämtlichen Fragen und organisatorischen Problemen vermittelt. Für diesen Weg entschieden sich Beate und Carolyn: »Klara war die einzige in unserem Freundinnenkreis, der wir dieses völlige Vertrauen entgegenbrachten. Sie ließ sich vom Spender vorher immer den Aidstest zeigen und brachte danach rechtzeitig zum Eisprung das Sperma zu uns ins Haus. Das klappte immer gut. Der Spender bekam jedesmal 200 DM.« In einem anderen Fall war Marc der Vermittler. Heinz berichtet: »Marc hat mich immer abgeholt und zu seinen Freundinnen gebracht. Die Frauen habe ich nie gesehen, aber ihre Küche und das Bad kenne ich genau. Klar, wenn ich wollte, könnte ich da hinfahren und mir angucken, was aus meiner Spende geworden ist. Aber ich halte unsere Absprachen ein.«

Auf diesem Weg der Vermittlung kann jedoch weder das Aidsrisiko ausgeschlossen, noch die gegenseitige Anonymität sicher gewährleistet werden. Alle Beteiligten müssen sich vorher darüber im klaren sein, daß mindestens eine von ihnen den Spender kennt und ihr Wissen, sei es aus Unachtsamkeit, Zufall oder vorsätzlich, preisgeben kann. Die betreffende Frau sollte sich außerdem ganz sicher sein, daß der Spender HIV-negativ ist und »safer sex« praktiziert. Ein einmaliger Aidstest ist als Sicherheitsgarantie nicht ausreichend; er sollte auf jeden Fall nach sechs Monaten wiederholt werden, und erst dann sollte das Sperma zur Insemination verwendet werden (Aids-Beratungsstellen im Anhang, S. 161).

In Deutschland ist bisher kein Fall bekannt, in dem eine Frau sich durch Insemination mit Aids infiziert hätte. Anders in den USA, in Neuseeland, Australien und Dänemark. Diese auffällige Diskrepanz ist vermutlich damit zu erklären, daß in diesen Ländern das Thema »Aids durch Insemination« schon lange öffentlich diskutiert wird und deshalb entsprechende Fälle auch bekanntgeworden sind.

Einige niederländische Kliniken bieten Frauen an, Spendersperma auf Zeugungsfähigkeit, Aids und andere Infektionen zu testen und es einzufrieren, vorausgesetzt, das Sperma stammt von einem der Frau bekannten Mann. In der Regel legt die Klinik sogar Wert darauf, ein Gespräch mit dem Spender zu führen. In manchen Kliniken kann frau auch gefrorenes Sperma für eine Selbstinsemination kaufen. Nach dem Auftauen kann es wie frisches Sperma inseminiert werden, wobei ärztliche Betreuung nicht vonnöten ist. Keine Frau sollte allerdings auf die Idee kommen, die Spermaspende eines Freundes oder Bekannten selbst im Tiefkühlfach ihres Kühlschrankes einfrieren zu wollen. Das funktioniert nicht. Die Kliniken verfügen nicht nur über spezielle Einfriermethoden, sie bewahren das Sperma auch in einer speziellen Lösung auf.

In den USA ist der sicherste Weg, zu einer anonymen Spende zu gelangen, die Anfrage bei der Samenbank »Pacific Reproductive Services« in San Francisco. Sie verschickt Sperma innerhalb der USA und in einige Staaten Kanadas sowie nach Übersee und stellt Interessierten ausführliches Informationsmaterial zu Verfügung. Es besteht außerdem die Möglichkeit, mit $ 145 und einer Kühlbox vorbeizukommen und das Sperma persönlich abzuholen (Adresse im Anhang).

Innerhalb der Bundesrepublik sind solche Serviceleistungen noch utopisch. Mit Glück kann frau lediglich auf die Unterstützung eines Arztes hoffen, der in einer Samenbank arbeitet. Karen und Carola hatten dieses Glück: »Ein uns bekannter Arzt, der in einer Samenbank arbeitet, hat uns wirklich geholfen. Wir hatten einen eigenen Samenspender, und der Arzt hat das Sperma auf Aids untersucht und die Spende danach eingefroren. Nach sechs Monaten hat er die zweite Spende untersucht, und alles war o.k. Dann hat er die erste Spende aufbereitet und uns zum Inseminieren gegeben. Selbst wollte er es nicht machen. Er hatte wohl Angst vor einem Skandal, falls es bekannt würde ... Und heute ist Julian unser ganzer Stolz.«

Wie unkompliziert und locker eine privat durchgeführte Insemination sein kann, zeigt ein Beispiel aus Neuseeland. Leonnie injizierte sich das Sperma immer zusammen mit ihrer Freundin. Für beide war es wichtig, diesen Moment gemeinsam zu erleben. »Ich sagte meiner Freundin, sie müsse so gegen 10 Uhr kommen, während ihrer Pause. Sie kam dann schnell nach Hause, um mich bei der Insemination zu unterstützen. Meistens haben wir anschließend noch ein wenig geplaudert. Danach ging sie zurück zur Arbeit. Ich lag immer noch für eine Weile im Bett, um die Samen drinzubehalten und habe gelesen. Ich fand diese Situation total faszinierend und habe meine Freundin beobachtet, wie sie wieder zur Arbeit ging. Ich wußte genau: Kein Mensch auf der Welt konnte wissen, was sie gerade in ihrer Pause gemacht hatte.«

Welche Probleme können bei einer Insemination auftreten?

In nur zehn Prozent der Fälle klappt eine Insemination beim ersten oder zweiten Versuch. Die meisten Frauen müssen sich demnach auf eine Geduldsprobe einstellen und sich immer wieder auf die Prozedur der Insemination einlassen. Psychisch ist dies unter Umständen nicht leicht zu verkraften – wie Louise, die zahlreiche Versuche mit frischem Sperma unternahm, hier eindrucksvoll schildert: »Zuerst war alles noch ganz aufregend, spannend und witzig. Aber nach einigen Monaten war der Reiz vorbei, und ich dachte schon, ich würde niemals schwanger werden. Ich habe mir dann selbst eine Frist gesetzt: Länger als ein Jahr wollte ich es nicht durchziehen. Wenn man über einen so langen Zeitraum immer wieder auf den Termin genau alles mit dem Spender organisieren muß, ist das einfach ermüdend. Na ja, nach ungefähr zehn Monaten und über 20 Versuchen wurde ich endlich schwanger.«

Wird die Insemination in der Klinik durchgeführt, muß die betreffende Frau zeitlich sehr flexibel sein. Nicht immer fällt der günstigste Zeitpunkt gerade auf ein Wochenende oder in die Urlaubszeit. Dazu kommen meist eine mehr oder weniger weite Anreise, ein großer Organisationsaufwand und finanzielle Verpflichtungen.

Ungefähr 50 Prozent der Frauen sind nach sechs Zyklen schwanger. Ist zu diesem Zeitpunkt immer noch nichts »passiert«, wird der Frau ein Besuch bei ihrem Gynäkologen nahegelegt, der die Durchlässigkeit der Eileiter und den Hormonhaushalt untersucht. Ist der Befund normal, wird über weitere sechs Zyklen eine Befruchtung versucht. Im Verlauf dieser sechs Monate werden noch einmal ca. 20 bis 25 Prozent der Frauen schwanger.

Auch Frauen, die die Sache selbst in die Hand nehmen wollen, können durch die oben erwähnten Untersuchungen abklären, ob eine Insemination in ihrem Fall erfolgversprechend ist. In zunehmendem Maße sind Frauen auch bereit, sich Hormone verabreichen zu lassen, die die Produktion von Östrogen hemmen und die Eireifung fördern. Sämtliche Gefahren und gesundheitlichen Risiken, die damit verbunden sind, nehmen sie in Kauf – unter anderem auch die Möglichkeit einer Mehrlingsgeburt.

Der Spendersamen kann natürlich auch dafür verantwortlich sein, daß keine Schwangerschaft eintritt. Nicht jede Spende ist eine fruchtbare Spende. Weist der Erguß des Mannes beispielsweise keine Spermien auf, was vor allem dann passiert, wenn er in kurzen Abständen hintereinander ejakuliert, oder bewegen diese sich wenig oder gar nicht, ist eine Befruchtung ausgeschlossen. Alexander erinnert sich: »Louise kam mit ihrer Freundin immer zu mir nach Hause, um die Spende abzuholen. Kurz vorher passierte mir ein Mißgeschick: Ich kippte den Becher um. Da hieß es: noch einmal. Ich habe Blut und Wasser geschwitzt, und die zwei wunderten sich, warum ich so lange brauchte.« Wahrscheinlich wunderten sich die beiden Frauen auch darüber, daß es diesmal wieder nicht »fruchtete«. Passiert so ein »Mißgeschick«, ist es besser, die Karten offen auf den Tisch zu legen und den nächsten Tag abzuwarten oder aber die Insemination auf den nächsten Zyklus zu verschieben. Auch häufiger Verkehr beeinträchtigt die Zeugungsfähigkeit. Sind die Versuche, schwanger zu werden, über einen längeren Zeitraum nicht von Erfolg gekrönt, sollte die Frau deshalb nicht nur ihre Gynäkologin konsultieren, sondern auch den Spender dazu veranlassen, sein Sperma testen zu lassen.

Es gibt aber auch Frauen, die über Jahre hinaus inseminieren, den Spender wechseln, Ärzte zu Rate ziehen, um sich letzten Endes damit auseinandersetzen zu müssen, niemals Kinder gebären zu können. So erging es auch Sylvia: »Über zwei Jahre lang habe ich versucht, schwanger zu werden. Auf eigene Faust. Ein guter Freund von mir stand immer mit seiner Samenspende bereit. Irgendwann habe ich eingesehen, daß es nicht klappen wird. Es ist einfach so, ich kann nicht schwanger werden.«

Ob Jungen oder keine, entscheiden wir alleine?

Laut Statistik sind nur ca. 30 Prozent aller »Inseminationskinder« Mädchen. Eine Theorie besagt, daß Samenzellen mit dem Y-Chromosom (männlich) sich schneller als solche mit zwei X-Chromosomen (weiblich) fortbewegen können, dafür aber eine geringere Lebensdauer haben als diese. Wird die Insemination exakt zum Zeitpunkt des Eisprungs durchgeführt, erreichen die Samen mit dem Y-Chromosom die Eizelle als erste. Wird ein oder zwei Tage vor dem Eisprung inseminiert, haben die Samen mit den X-Chromosomen größere Befruchtungschancen. Sie sind resistenter als diejenigen mit dem Y-Chromosom und können die »Wartezeit« in der Vagina eher überleben.

Viele Lesben wünschen sich ein Mädchen und empfinden es nicht als Herausforderung, an der Erziehung des »neuen Mannes« mitzuwirken, manchmal sogar in doppelter Ausführung wie bei Leonnie: »Ich wünschte mir so sehr ein Kind, aber als wir durch die Ultraschalluntersuchung herausfanden, daß es Zwillinge sind, war ich nur geschockt. Ich wußte nicht, wie wir zwei Babies schaffen sollten. Ich habe noch nie von einer Lesbe gehört, die durch Insemination Zwillinge bekommen hat. Wir sind bestimmt eine Ausnahme.«

Inwieweit sich die zukünftigen Mütter mit der oben beschriebenen Theorie auseinandersetzen wollen, um möglicherweise bewußt ein Mädchen zu zeugen, bleibe jeder selbst überlassen. Eines läßt sich dabei jedoch nicht wegdiskutieren: Es handelt sich hier um Geschlechtsselektion – in diesem Fall einmal zugunsten der Mädchen – und damit um ein ethisch sensibles Thema, mit dem frau sich kritisch auseinandersetzen sollte.

Rechtliche Fragen in bezug auf Insemination

Bisher ist die heterologe Insemination (mit Fremdsperma) noch nicht strafrechtlich erfaßt. Es gibt in Deutschland kein Gesetz, das alleinstehenden Frauen eine heterologe Insemination verbietet. Diese muß jedoch laut Paragraph 9 des Embryonenschutzgesetzes von einem Arzt vorgenommen werden. Jede andere Person, die eine Insemination durchführt, kann laut Paragraph 11 desselben Gesetzes strafrechtlich belangt werden. Die Freundin, die ihrer Partnerin zu Hause den »Fremdsamen« injiziert, könnte also zu einer Geldstrafe oder Haftstrafe bis zu einem Jahr verurteilt werden. Aber wer sollte anklagen? Nach drei Jahren ist der Tatbestand ohnehin verjährt. Straffrei gehen in jedem Fall die Frau, die selbst die Initiative ergreift, und der Samenspender aus.

Abgesehen von Gesetzen regeln auch ärztliche Standesrichtlinien die Praxis der Insemination. Darin ist u.a. festgelegt, daß hierzulande nur verheiratete Paare in Kliniken behandelt werden dürfen und einen Leistungsanspruch gegenüber der Krankenkasse haben. In der Regel darf nur Sperma des Ehemanns injiziert werden, es sei denn, dieser ist zeugungsunfähig. Lediglich dann ist es der Klinik oder dem behandelnden Arzt erlaubt, eine heterologe Insemination durchzuführen. Grundlage dieser Regelung ist Artikel 6 Abs. 1 des Grundgesetzes, der besagt, daß eine Familie auf der Ehe basiert und dadurch ihren rechtlichen und sittlichen Zusammenhalt findet. Verstößt der Arzt gegen diese Regelung, indem er fremdes Sperma inseminiert, kann er seine Zulassung verlieren. Theoretisch könnte das durch

Insemination gezeugte Kind später sogar Unterhaltsforderungen an den Arzt stellen, wenn er die Spenderidentität nicht offenlegen kann.

Laut einer Entscheidung des Bundesverfassungsgerichts von 1989 hat in Deutschland jedes Kind das Recht zu erfahren, wer sein Vater ist, allein schon wegen eventueller Unterhaltsforderungen. Hat ein Arzt im Falle heterologer Insemination bei einem Ehepaar diese Daten, sofern sie ihm mitgeteilt wurden, nicht dokumentiert oder verschweigt er sie, kann das Kind Schadensersatzansprüche an ihn stellen. Weniger eindeutig ist die Rechtslage bezüglich der Mutter. Verschweigt sie ihrem Kind vorsätzlich, wer der Vater ist, verletzt sie das Recht des Kindes auf Unterhaltszahlungen und spätere Erbansprüche. Das heißt nicht, daß sich eine Frau, die sich für einen anonymen Spender entscheidet, strafbar macht. Sie wird aber im späteren Umgang mit den Behörden dazu aufgefordert werden, zur Vaterschaftsfeststellung eindeutig Stellung zu nehmen.

Das Verschweigen des Vaters hat für die Mutter weitere Konsequenzen, die für die Frau zu finanziellen Einbußen führen können. Der Unterhaltsvorschuß für das Kind kann ihr beispielsweise verweigert werden.

Solche Rechtsbestimmungen zur Vaterschaft fehlen bisher in anderen Ländern. Doch auch in den Niederlanden schlägt die Diskussion über das Recht des Kindes auf den Vater inzwischen hohe Wellen. In diesem Zusammenhang steht, wie es aussieht, auch das Wahlsystem der Ja- oder Nein-Spende auf der Kippe. In naher Zukunft wird wohl nur noch die Ja-Spende zugelassen sein, d.h. das Zugeständnis des Spenders, daß das Kind, sobald es volljährig ist, erfahren darf, wer der biologische Vater ist.

Und wie steht die lesbische Mutter bei den Behörden da?

Amtspflegschaft

Eine nichtverheiratete Frau erwirbt mit der Geburt ihres (nichtehelichen) Kindes die elterliche Sorge. Dies umfaßt die Personen- sowie die Vermögenssorge des Kindes (§1705 BGB). Die Mutter hat damit das Recht und die Pflicht, das Kind zu pflegen, zu erziehen, zu beaufsichtigen und seinen Aufenthalt zu bestimmen sowie für das Vermögen des Kindes zu sorgen. Das Sorgerecht der Mutter eines nichtehelichen Kindes ist häufig nicht uneingeschränkt. Das Gesetz sieht es als Normalfall vor, daß das Kind unter die Pflegschaft des Staates gestellt wird.

Nach der Geburt eines nichtehelichen Kindes, wird diesem nach Paragraph 1706 BGB ein (Amts-)Pfleger zugeordnet, der zusammen mit der sorgeberechtigten Mutter

- die Feststellung der Vaterschaft
- die Geltendmachung von Unterhaltsansprüchen und
- die Regelung von Erbrechten des Kindes

vorantreiben soll. Die Übernahme einer Pflegschaft von Amts wegen ist kein absolutes Muß: Auf Antrag der Mutter kann das Vormundschaftsgericht bereits vor der Geburt die Pflegschaft aufheben oder einschränken bzw. anordnen, daß sie von einer Privatperson übernommen wird z.B. von einer guten Freundin der Mutter. Voraussetzung dafür ist, daß diese Regelung dem Wohl des Kindes nicht widerspricht (§§ 1707, 1709 BGB).

In einem Urteil aus dem Jahr 1981 lehnte der Bundesgerichtshof eine Aufhebung der Amtspflegschaft ab, da die Mutter eines nichtehelichen Kindes den Namen des Vaters verschwieg (Schwab, 1986). Die Begründung des Gerichts: Die Mutter schade damit dem Wohl ihres Kindes insofern, als dieses jeder Möglichkeit beraubt werde, später Erbansprüche an den Vater geltend zu machen.

Möchte eine unverheiratete Frau möglichst problemlos

von der Amtspflegschaft befreit werden, so sollte sie entweder den Namen des Vaters nennen oder behaupten, ihn nicht zu kennen. Verweigert sie hingegen die Auskunft, gerät sie in die Mühlen der »Zwangspflegschaft«. Diese soll Mutter und Kind dabei unterstützen, Unterhaltsansprüche geltend zu machen, um den Staat von möglichen Sozialhilfeleistungen zu entlasten. Das Recht der gesetzlichen Amtspflegschaft für nichteheliche Kinder wird schon seit längerem kritisiert. Teils wird es in Frage gestellt, weil es Müttern von nichtehelichen Kindern unterstellt, sie wären unfähig, Rechte und Ansprüche des Kindes gegenüber dem Vater durchzusetzen. Umstritten ist es aber auch, weil die Amtspflegschaft in den neuen Bundesländern nicht angewandt wird. Dort ist das Sorgerecht unverheirateter Mütter in keiner Weise eingeschränkt. Zur Zeit sind Reformbestrebungen zu verzeichnen, deren Ziel es ist, die Amtspflegschaft in Zukunft wegfallen zu lassen. An ihre Stelle soll dann eine freiwillige Beistandschaft treten, die von der Mutter beim Jugendamt beantragt werden kann. Der Aufgabenkreis dieser Beistandschaft beschränkt sich auf die Vaterschaftsfeststellung und die Geltendmachung von Unterhaltsansprüchen.

Unterhaltszahlungen

Wenn eine Frau die Entscheidung trifft, ein Kind ohne Vater und damit auch ohne Unterhaltsbeitrag großzuziehen, entscheidet sie gleichzeitig über die Position, die sie und ihr Kind zukünftig vor den Behörden einnehmen werden. Als alleinerziehende Mutter erhält sie selbstverständlich sämtliche für diesen Fall vorgesehenen staatlichen Hilfen wie z.B. Sozialhilfe, wenn kein oder nur geringes Einkommen vorhanden ist, sowie einen Unterhaltsvorschuß für das Kind. Um alleinerziehenden Eltern die für den Unterhalt ihres Kindes erforderlichen Mittel zu sichern, gewährt das Unterhaltsvorschußgesetz Kindern bis zum zwölften Lebensjahr einen Unterhalt in Höhe des Regelunterhalts. Sobald die Mutter jedoch durchblicken läßt, daß sie den Vater bewußt verschweigt, wird ihr Anspruch auf Unterhaltsvorschuß vom Staat hinfällig: »Der Anspruch ist ausgeschlossen, wenn ein Elternteil, bei dem das Kind lebt, sich weigert, die zur Durchführung des Gesetzes erforderlichen Auskünfte zu erteilen oder bei der Feststellung der Vaterschaft oder des Aufenthalts des anderen Elternteils mitzuwirken.« (Merkblatt zum Unterhaltsvorschußgesetz)

Es ist für die Mutter nicht möglich, beliebig zwischen Unterhaltszahlungen des Erzeugers und Sozialhilfe zu wählen (BVerG NJW 83, 594). Ihr Anspruch auf Unterhaltsvorschuß verfällt, wenn sie zu ihrer gewollt vaterlosen Elternschaft steht.

Eine lesbische Mutter, die den Kindsvater nicht preisgeben will, muß also den Behörden gegenüber ihre sexuelle Veranlagung verschweigen. Gerade dieses Versteckspiel haben viele Lesben satt. Sie stellen so wie Jutta den Anspruch, auch vor den Behörden als lesbische Mütter akzeptiert zu werden: »Wenn ich da beim Amt wieder als alleinerziehende Frau dastehe, deren Typ vielleicht abgehauen ist, was ändert das an der gesellschaftlichen Einstellung lesbischen Müttern gegenüber? Ich möchte ganz bewußt als lesbische Mutter auftreten, auch oder gerade bei Behörden.«

Ohne Einfluß auf den Anspruch bezüglich Unterhaltsvorschuß bleibt es allerdings, wenn die Mutter des Kindes mit einer anderen Person in nichtehelicher Gemeinschaft zusammenlebt (Münder 1994, 126). Die Partnerin wird in diesem Fall nicht zu Zahlungen herangezogen.

Die Bezeichnung »Unterhalts*vorschuß*« weist darauf hin, daß der Staat die von ihm geleisteten Unterhaltszahlungen als Vorauszahlung versteht, die er irgendwann wiederhaben möchte. In den meisten Fällen kommt es jedoch nie zu einer Rückzahlung, da die unterhaltspflichtigen Väter nie identifiziert werden. Ist hingegen bekannt, wer der Vater ist, wird er zu Unterhaltszahlungen herangezogen. Wenn er sich weigert, die Vaterschaft anzuerkennen, kann er zu deren Feststellung vor Gericht zitiert werden. Rechte erwirbt er jedoch mit der Anerkennung der Vaterschaft nicht: Die Personensorge bleibt bei der Mutter, und es liegt in ihrem Ermessen, ob sie dem Vater das Recht einräumen will, das Kind regelmäßig zu besuchen, oder ob sie es ihm verweigert (§ 1711 Abs. 1 BGB). Dem Vater bleibt in diesem Fall nur die Möglichkeit, das Umgangsrecht beim Vormundschaftsgericht zu beantragen. Erfolgschancen hat er nur dann, wenn er nachweisen kann, daß sein Antrag auf Umgang mit dem Kind für dessen Wohl unentbehrlich ist. Die Reform des Kindschaftsrechtes sieht jedoch vor, in Zukunft Vätern nichtehelicher Kinder bei einer Trennung ein gesetzliches Umgangsrecht einzuräumen, wie Vätern ehelicher Kinder.

Mutterschaftsgeld

Mutterschaftsgeld wird Frauen vom Staat während der Schutzfristen sechs Wochen vor und acht Wochen nach der Entbindung gezahlt (bei Früh- und Mehrlingsgeburten zwölf Wochen danach), wenn sie

- freiwillig oder pflichtversichert in einer gesetzlichen Krankenkasse sind;
- vom Beginn des zehnten bis zum Ende des vierten Monats vor der Entbindung mindestens drei Monate lang krankenversichert waren;
- vor Beginn der vorgeburtlichen Schutzfrist in einem Arbeitsverhältnis stehen oder Leistungen vom Arbeitsamt erhalten.

Das Mutterschaftsgeld wird in Höhe des durchschnittlichen monatlichen Netto-Einkommens der letzten drei Monate gezahlt. Bei Arbeitslosigkeit entspricht das Mutterschaftsgeld den Leistungen des Arbeitsamtes. Frauen, die lediglich geringfügig beschäftigt (in sogenannten Fünfhundertneunzig-Mark-Jobs) bzw. nicht Mitglieder einer gesetzlichen Krankenkasse sind, können eine einmalige Zahlung von 400 DM vom Bundesversicherungsamt erhalten. Anträge werden an die zuständige Krankenkasse oder beim Bundesversicherungsamt gestellt. Weitere Auskunft dazu erteilt jede Krankenkasse.

Kindergeld

Nach dem *Bundeskindergeldgesetz* hat jeder in Deutschland lebende Haushaltsvorstand Anspruch auf Kindergeld für alle Kinder, die in seinem Haushalt leben – gegebenenfalls also auch für Pflege- oder Adoptivkinder – und die das 18. Lebensjahr noch nicht vollendet haben. Danach wird nur noch unter bestimmten Voraussetzungen gezahlt.

Mit dem Jahressteuergesetz 1996 haben sich die Kindergeldbeträge verändert. Das Kindergeld wird auf monatlich jeweils 200 DM für das erste und das zweite Kind, auf 300 DM für das dritte und 350 DM für das vierte und jedes weitere Kind angehoben. Die bisherige einkommensabhängige Minderung vom zweiten Kind an entfällt ebenso wie der Zuschlag zum Kindergeld. Das Kindergeld soll in Zukunft monatlich anstatt zweimonatlich gezahlt werden. Das Kindergeld ist schriftlich beim Arbeitsamt zu beantragen. Nur in Ausnahmefällen, wie z.B. bei Arbeitnehmern im Öffentlichen Dienst, wird das Kindergeld durch den Arbeitgeber ausgezahlt.

Erziehungsgeld

Seit 1986 kann die Mutter oder der Vater eines Kindes, sofern sie bzw. er in einem Arbeitsverhältnis steht, im Anschluß an die Schutzfrist nach der Geburt Erziehungsurlaub nehmen und hat Anspruch auf Erziehungsgeld. Beides ist im *Bundeserziehungsgeldgesetz* geregelt.

Erziehungsgeld wird längstens bis zum zweiten Geburtstag des Kindes gezahlt und muß jeweils für ein Lebensjahr des Kindes beantragt werden. Das Erziehungsgeld beträgt bis zum siebten Lebensmonat 600 DM monatlich. Danach ist die Höhe der Zahlungen einkommensabhängig. Mutterschaftsgeld wird auf das Erziehungsgeld angerechnet, d.h. bei Bedarf nur ergänzend gewährt und auf 600 DM aufgestockt.

Erziehungsgeld wird zusätzlich zu Wohngeld, Arbeitslosenhilfe, Sozialhilfe, Kindergeld und Zahlungen nach dem Bundesausbildungsförderungsgesetz gewährt und nicht auf diese Leistungen angerechnet.

Für die Durchführung des Bundeserziehungsgeldgesetzes sind die Länder zuständig. Die Erziehungsgeldstellen sind unterschiedlichen Behörden zugeordnet. Auskunft erteilen die Bezirks-, Jugend-, Versorgungs- und Sozialämter.

Landeserziehungsgeld

Sind die Erziehungsgeldzahlungen ausgelaufen, zahlen einige Bundesländer sechs bis maximal zwölf Monate lang Landeserziehungsgeld in Höhe von 400 bis 500 DM. Zur Zeit sind es Baden-Württemberg, Bayern, Sachsen und Thüringen. Rheinland-Pfalz und Berlin gewähren sogenanntes Familiengeld, de facto die gleiche Leistung unter anderem Namen.

Erziehungsurlaub

Für die Betreuung eines Kindes können sich wahlweise Mutter oder Vater von ihrer Arbeit beurlauben lassen, bis ihr Kind das dritte Lebensjahr vollendet hat. Da der betreffenden Person der Arbeitsplatz währenddessen erhalten bleiben muß, kann sie nach Beendigung des Urlaubs sofort wieder in den Beruf einsteigen. Erziehungsurlaub kann in jedem Arbeitsverhältnis genommen werden, auch bei befristeten Verträgen und geringfügigen Beschäftigungen. Bei befristeten Verträgen ist die Arbeitsplatzgarantie dann allerdings hinfällig. Die Mitgliedschaft des beurlaubten Elternteils in der gesetzlichen Krankenkasse bleibt unangetastet, ohne daß aus dem Erziehungsgeld Beiträge zu leisten sind. Erziehungsurlaub schließt eine Teilzeitarbeit nicht aus. In diesen Fällen wird selbstverständlich eine Beitragspflicht zur Krankenversicherung aufrechterhalten.

Erziehungsurlaub muß nicht in voller Länge und auch nicht am Stück genommen werden. Spätestens vier Wochen vor Antritt ist jedoch der Arbeitgeber über Beginn und Dauer des Urlaubs zu informieren. Die angegebenen Zeiträume sind in der Regel verbindlich; deshalb ist es sinnvoll, vorher sorgfältig zu planen. Weitere Informationen sind bei allen Erziehungsgeldstellen erhältlich.

Für alle genannten Ansprüche gilt: frühzeitig informieren und rechtzeitig Anträge stellen. Die meisten Leistungen werden nicht rückwirkend gewährt.

Wenn eine lesbische Mutter, die mit ihrer Freundin zusammenlebt, einen Antrag auf Sozialhilfe und Wohngeld sowie finanzielle Beihilfe zur Erstausstattung des Babies (beim Sozialamt) und zur Teilnahme an einem Mutter-Kind-Projekt (ebenfalls beim Sozialamt) stellt, sollte sie immer angeben, daß sie in einer Zweckgemeinschaft lebt. Um es noch einmal zu betonen: Können ihr die Ämter eine Lebens- und Wirtschaftsgemeinschaft mit ihrer Freundin, sprich ein eheähnliches Verhältnis, nachweisen, wird das Einkommen der Lebenspartnerin auf die Ansprüche, die im Antrag formuliert werden, angerechnet.

Da sich Regelungen, Richtlinien und Bestimmungen, denen die Ämter unterworfen sind, häufig ändern, ist persönliche Information bei den entsprechenden Stellen unerläßlich.

Vaterwerden ist nicht schwer?

Die meisten anonymen Samenspender sind zufrieden, »wenn irgendwo auf der Welt etwas Bleibendes« (Bernd) von ihnen existiert, dem sie ihre Gene weitervererbt haben. Sie spenden entweder in der Klinik oder lassen ihre Spende bei sich zu Hause von einer Mittelsperson abholen, ohne zu wissen, welche Frau sie »benutzt«. Oft spielen für ihre Entscheidung, Sperma zu spenden, auch finanzielle Gründe eine Rolle.

Anders bei Schwulen, die eine Vaterschaft erleben und ausleben wollen. Sie benötigen für die Erfüllung ihrer Sehnsüchte eine Frau, mit der sie auch persönlich in Kontakt treten müssen.

Wer Kontaktanzeigen in einschlägigen Zeitschriften verfolgt, kann feststellen, daß Schwule mit Kinderwunsch hier eine Möglichkeit für sich entdeckt haben. Anzeigen wie »Schwuler sucht Lesbe bzw. Lesbenpaar mit Kinderwunsch. Vielleicht finden wir gemeinsam eine Lösung« (*Szene,* 6, Juni 1995, 157) sind keine Seltenheit mehr.

In den USA ist es seit langem gang und gäbe, daß sich Lesben und Schwule zusammenschließen, um sich gegenseitig bei der Erfüllung eines Kinderwunsches zu unterstützen. Daraus resultieren in vielen Fällen Familienzusammenhänge wie etwa Lesben- und Schwulenpaare mit gemeinsamen Kindern, die sich die elterliche Sorge und Verantwortung teilen. Bei uns ist diese Form der Elternschaft nicht bekannt oder wird zumindest nicht öffentlich gelebt.

In einigen Bundesstaaten der USA können Schwule, die sich ein Kind wünschen, das sie allein oder mit ihrem Partner im eigenen Haushalt aufziehen wollen, auch an Agenturen wenden, die Leihmütter vermitteln.

Die Diskussion über Leihmutterschaft verläuft nicht nur in den USA sehr kontrovers (Corea 1986). Auf der einen Seite stehen Geschäftemacher, die durch eine Vermittlung bis zu $ 10.000 und mehr verdienen – auf der anderen die kinderlosen Paare, die diese Vermittlungsgebühr und noch einmal ca. $ 10.000 Honorar an die Leihmutter bezahlen, die ihr Kind nach der Geburt »verkauft«.

Die Frage, warum Frauen sich als Leihmütter anbieten, ist zu komplex, um hier erörtert zu werden. Allerdings sei darauf hingewiesen, daß insbesondere Abtreibungsgegner, die auf lebenslange seelische Narben nach einer Abtreibung verweisen, beim Thema Leihmutterschaft seltsam progressiv argumentieren und sich offensichtlich darüber einig sind, daß diese Frauen ihre Kinder sogar gerne hergeben – denn nicht finanzielle Gründe stünden bei einer solchen Entscheidung im Vordergrund, sondern der ethisch korrekte Wunsch, kinderlosen Paaren zu helfen (ebenda, 191-226).

In der Bundesrepublik scheint Konsens darüber zu herrschen, daß Leihmutterschaft abzulehnen ist. Als 1987 in Frankfurt eine offizielle Leihmütteragentur eröffnet werden sollte, wurde dies mit der Begründung, die Vermittlung von Leihmüttern sei unmoralisch, von politischer Seite unterbunden (Hess-Diebäcker 1989, 181). Rechtlich ist die Situation in Deutschland insofern eindeutig, als die Suche nach oder die Vermittlung von Leihmüttern einen Verstoß gegen das Adoptionsvermittlungsgesetz darstellt, denn eine

Adoptionsvermittlung sowie deren Durchführung obliegen ausschließlich den Jugend- und den Landesjugendämtern sowie den berechtigten Adoptionsvermittlungsstellen (§ 5 AdVermiG). Eine Adoptionsvermittlung durch andere ist verboten und wird bestraft (§§ 13c, 14B AdVermiG). Damit soll sichergestellt werden, daß mit einer Adoption bzw. der Vermittlung von Bestelleltern und Leihmüttern keine Geschäfte gemacht werden können. Ergreifen diese selbst die Initiative, um durch öffentliche Erklärungen, Zeitungsanzeigen etc. entweder Bestelleltern zu suchen oder sich als Leihmütter anzubieten, kann gegen sie ein Ordnungswidrigkeitsverfahren angestrengt werden, das sie immerhin ein Bußgeld von bis zu 50.000 DM kosten kann. Werden private Arrangements getroffen, greift der lange Arm des Gesetzes allerdings meist ins Leere. Für Schwule ist dies meist die einzige Chance, ihren Wunsch nach biologischer Elternschaft zu erfüllen.

Das Thema Leihmutterschaft löst bei ihnen genauso große Verunsicherung aus wie bei Lesben das Thema Samenspende. Schwule müssen darüber hinaus damit leben, daß die Mutter ihres Kindes nicht anonym bleiben und nach der Geburt möglicherweise anders reagieren wird als erwartet: »Auch wenn vorher alles besprochen ist, bleibt die Angst. Wenn die Mutter das Kind erst geboren hat, wird sie es dann auch weggeben können? Ganz ehrlich, eine Spermaspende stellt für mich keine Belastung dar, aber eine Kindspende, das ist doch eine ganz andere Ebene.« (Gerd)

Auch wenn vor der Geburt des Kindes schriftlich niedergelegt wird, daß der Vater das Sorgerecht für das Kind erhält, ist dies nicht rechtsverbindlich, denn eine schriftliche Vereinbarung darüber, daß das Kind nach der Geburt Dritten überlassen wird, ist nach allgemeiner Rechtsprechung nicht bindend. Laut Paragraph 1747 Abs. 3 BGB ist eine Einwilligung der abgebenden Mutter frühestens acht Wochen nach der Geburt möglich. Die Reform des Kindschaftsrechts sieht vor, daß bei einem nicht-ehelichen Kind die Eltern ein gemeinsames Sorgerecht innehaben. Es muß aber ausdrücklich von beiden Eltern beantragt werden, ansonsten bleibt das alleinige Sorgerecht bei der Mutter.

Hält die Leihmutter sich nicht an vorher getroffene Vereinbarungen, auch wenn sie für das Austragen des Kindes bezahlt wurde, steht der Bestellvater mit leerer Wiege und leerem Portemonnaie da. Er ist verpflichtet, die Kosten der Entbindung zu übernehmen, soweit diese nicht durch Versicherungsleistungen gedeckt sind, und er muß an das Kind bis zur Vollendung des 18. Lebensjahres bzw. solange es sich in Ausbildung befindet Unterhalt zahlen (§1615 BGB). Da Unterhaltsforderungen das Kind begünstigen, kann mit dem »werdenden Vater« bzw. dem Samenspender keine notarielle Verzichtserklärung getroffen werden. Hat er die Vaterschaft anerkannt, muß er zahlen. Auch hier lassen sich private Lösungen finden. Leonnie und Tamsin war es wichtig, daß der Vater ihrer Kinder behördlich bekannt ist. Die Unterhaltszahlungen, die ihm monatlich vom Gehalt abgezogen und den Frauen überwiesen werden, zahlen sie regelmäßig zurück. Sollten sie sich einmal in einer finanziellen Notlage befinden, können sie jederzeit die Unterhaltszahlungen einbehalten. In diesem Fall ist abgesprochen, daß die Kinder bei der Mutter aufwachsen und dem Vater ein Umgangsrecht eingeräumt wird. Auch dies liegt im Ermessen der sorgeberechtigten Mutter, denn – um es noch einmal zu betonen – der Vater hat laut Paragraph 1711 Abs. 1 BGB kein Recht auf Umgang mit den Kindern. Die Reform des Kindschaftsrechts sieht für die Zukunft jedoch vor, daß das Umgangsrecht für eheliche und nichteheliche Väter gleich gestaltet wird.

Unterhaltsansprüche gegenüber nichtehelichen Partnern bestehen gesetzlich nicht. Für die nichteheliche Mutter gilt eine Sonderregelung. Unabhängig davon, ob der Vater mit der Mutter zusammenlebt, hat er eine Unterhaltspflicht ihr gegenüber. Sie beginnt frühestens vier Monate vor und endet spätestens ein Jahr nach der Entbindung (§ 1615 1 Abs. 2 Satz 3 BGB).

Das neue Kindschaftsrecht sieht vor, daß mindestens bis zur Einschulung des Kindes dem Elternteil, der das Kind umsorgt, Betreuungsunterhalt zusteht. Diese Regelung gilt unabhängig vom Familienstand.

Anders sieht es aus, wenn sich alle Parteien darüber einig sind, daß das Kind beim Vater aufwachsen soll. Am meisten Sicherheit bietet ihm in diesem Fall die Adoption seines nichtehelichen Kindes (§ 1741 Abs. 3 BGB). Einzige Voraussetzung dafür ist, daß er die Vaterschaft anerkennt und die Mutter in die Adoption einwilligt. Die Konsequenzen für sie sind dieselben wie im Falle der Fremdadoption: Sämtliche verwandtschaftlichen Beziehungen zu ihrem Kind erlöschen (§ 1755 Abs. 2 BGB). Sie büßt das Umgangsrecht mit ihrem Kind ein, und dieses verliert alle Erbansprüche an die Mutter.

Neben der Adoption besteht auch die Möglichkeit, das Kind für ehelich erklären zu lassen (§ 1737 BGB). Das Kind wird damit einem ehelichen Kind rechtlich gleichgestellt (§ 1736 BGB), ohne daß Vater und Mutter tatsächlich heiraten müssen. Ein Antrag beim Vormundschaftsgericht genügt und wird genehmigt, wenn dadurch dem Wohle des Kindes entsprochen wird. Das ist der Fall, wenn eine stabile Vater-Kind-Beziehung besteht und die Mutter nicht in der Lage ist bzw. es ablehnt, die elterliche Sorge weiter zu tragen. Die Mutter muß ihre Zustimmung zur Ehelicherklärung erteilen und verliert damit das Recht und die Pflicht, die elterliche Sorge auszuüben (§ 1738 BGB; § 1726 Abs. 1 BGB). Da der Vater mit der Ehelicherklärung das Sorgerecht erhält, kann er nun gegenüber der Mutter Unterhaltsforderungen geltend machen und wie eine alleinerziehende Mutter finanzielle Unterstützung vom Staat beanspruchen.

Wenn der Antragsteller nicht biologischer Vater ist (§§ 1600f BGB), die Vaterschaft aber anerkennt (§§ 1600a BGB), kann ein Kind ebenfalls für ehelich erklärt werden.

Das Bundesverfassungesgericht hat 1991 entschieden, daß der Verlust des Sorgerechts bei einer Ehelicherklärung verfassungswidrig ist (Carnap, Henrich, Rudolf, 1994, 51). Es ist davon auszugehen, daß mit der Reform des Kindschaftsrechts die Ehelicherklärung wegfallen wird.

Co-Elternschaft

In einer lesbisch-schwulen Partnerschaft kann rechtlich nur eine Person die elterliche Sorge für die Kinder übernehmen. Lediglich bei einer Pflegschaft sind die elterlichen Rechte gleich verteilt. Dadurch, daß Co-Elternschaft nicht anerkannt wird, kann sie ihren besonderen Bedürfnissen gemäß auch nicht gefördert und unterstützt werden. Dafür müssen private Lösungen gefunden werden.

Partnerschaftsverträge auf der Basis gemeinsamer Elternschaft

Lesbisch-schwule Familien haben keinen rechtlichen Status. Deshalb ist es ratsam, für bestimmte Fälle vertragliche Abmachungen zu treffen.

So sollten leibliche Mütter ihrer Partnerin eine Vollmacht ausstellen, die diese zur Unterschrift berechtigt (Beispiel siehe S. 50). In Ausnahmesituationen sollte die Co-Mutter in der Lage sein, für das Kind Entscheidungen zu treffen, sei es, daß sie die Einwilligung zu einer Operation oder auch nur zur Teilnahme an einer Klassenfahrt gibt.

Als Alternative dazu gibt es in der Bundesrepublik die

Sarah Hall
George-Sand-Straße 11
11111 Frauenland

Vollmacht

Hiermit bevollmächtige ich Frau Patience Miller, wohnhaft in 11111 Frauenland, George-Sand-Staße 11, sämtliche meine Tochter Radclyffe, geboren am 8.3.94, betreffenden Angelegenheiten zu regeln und mich zu vertreten, sofern das Gesetz eine Stellvertretung gestattet.

Datum, Unterschrift

Möglichkeit, der Partnerin beim Vormundschaftsgericht eine Teilsorge zu übertragen. Diese berechtigt dazu, den sorgeberechtigten Elternteil in Ausnahmesituationen zu vertreten.

Immer mehr homosexuelle Eltern versuchen sich auch für den Fall einer Trennung durch individuelle Partnerschaftsverträge, in denen z.B. Unterhaltsregelungen getroffen und das Umgangsrecht mit dem Kind festgelegt werden, gegenseitig abzusichern. Nach einer Trennung gerät die Person, die mit dem Kind zurückbleibt, oft in finanzielle Schwierigkeiten. Sind mehrere Kinder zu versorgen, ist eine Berufstätigkeit fast ausgeschlossen, und es bleibt oft nur der Weg zum Sozialamt. Lesben und Schwule sollten für diesen Fall vorsorgen und ihre Partnerin bzw. ihren Partner in die Pflicht nehmen. Wenn beide sich für ein Kind entscheiden, sollten auch beide dafür aufkommen, sei es in einem gemeinsamen oder in einem getrennten Haushalt.

Für den Fall der Auflösung einer nichtehelichen Lebensgemeinschaft sollte ein Vertrag geschlossen werden, der die gegenseitigen Ansprüche und den Umgang regelt (Beispiele siehe S. 51 und S. 52).

Ohne schriftliche Vereinbarungen könnte die Co-Mutter

Gertrude Tolkas
Rosengasse 6
12345 Rosenheim

Alice B. Stein
Rosengasse 6
12345 Rosenheim

Vereinbarung für Unterhaltszahlungen

Da Alice. B. Stein zwecks Führung des Haushaltes und der Kinderbetreuung nicht berufstätig ist, gewährt Gertrude Tolkas nach einer Trennung einen monatlichen Unterhaltsbetrag in Höhe von DM ...

Der Unterhalt für die Kinder beträgt zusätzlich monatlich DM ... pro Kind

Diese Verpflichtung gilt nicht, wenn Alice. B. Stein in einer neuen Lebensgemeinschaft oder durch eigenes Einkommen wirtschaftlich abgesichert ist.

Die Unterhaltszahlungen für die Kinder sind von dieser Einschränkung nicht betroffen.

Die Zahlungen sind jeweils am Ersten eines Monats fällig.

Datum, Unterschrift

nach einer Trennung auf Nimmerwiedersehen verschwinden, und die leibliche Mutter hätte nicht einmal die Chance, einen Unterhalt einzuklagen. Wünscht – im umgekehrten Fall – eine Co-Mutter nach der Trennung weiterhin Kontakt zum Kind, kann dieser von der leiblichen Mutter verweigert werden, ohne daß die Co-Mutter dagegen eine Handhabe hätte. Bei Partnerschaftsverträgen kann davon ausgegangen werden, daß sie vor Gericht Bestand haben und deren Erfüllung gerichtlich angeordnet wird. In den USA wurde zumindest in einem Fall der Klage einer Co-Mutter auf Umgangsrecht mit dem Kind stattgegeben. Das

Gertrude Tolkas
Rosengasse 6
12345 Rosenheim

Alice B. Stein
Rosengasse 6
12345 Rosenheim

Vereinbarung für ein Umgangsrecht

Sollten wir uns trennen, wird Frau Gertrude Tolkas ein Umgangsrecht mit unseren Töchtern Vita und Virginia im Rahmen der gesetzlichen Bestimmungen eingeräumt. Darüber hinaus besteht jederzeit die Möglichkeit individueller Vereinbarungen

Datum, Unterschriften

Gericht begründete seine Entscheidung damit, daß der weitere Kontakt des Kindes zur sozialen Mutter dem Wohle des Kindes diene. Aus vielen Jahren gemeinsamen Familienlebens schloß das Gericht, daß die emotionale Bindung zwischen Kind und Co-Mutter der Blutsverwandschaft überzuordnen sei. In einem anderen Fall wurde eine Co-Mutter zu Unterhaltszahlungen herangezogen.

Vollmachten und Partnerschaftsverträge sollten beglaubigt werden, dann gelten sie als fälschungssicher, und die Möglichkeit einer Anfechtung ist gering.

Wozu ein Testament?

Viele lesbische und schwule Paare hegen die Befürchtung, daß im Todesfall – präziser: wenn der leibliche (legale) Elternteil stirbt – das gemeinsam aufgezogene Kind automatisch der Sorge von Blutsverwandten, etwa des nichtehelichen Vaters oder der Großeltern, unterstellt würde. Verwandte haben jedoch, wie alle anderen Bezugspersonen des Kindes auch, lediglich die Möglichkeit, das Sorgerecht beim Vormundschaftsgericht zu beantragen. Für diesen Fall kann die biologische Mutter vorsorgen, indem sie testamentarisch bestimmt, daß nach ihrem Tode ihre Partnerin Vormund des Kindes werden soll (§§ 1766, 1777 BGB).

In einem solchen Testament (Beispiel siehe unten) muß klar zum Ausdruck kommen, daß beide Frauen sich für das Kind verantwortlich fühlen und daß es im Interesse des Kindes liegt, wenn es nach dem Tod der Mutter beim sozialen Elternteil bleibt, einer Person, die es seit Jahren kennt und die ihm treu zur Seite steht. Aus den USA sind Fälle bekannt,

> Sarah Hall
> George-Sand-Str. 11
> 11111 Frauenland
>
> **Testamentarische Verfügung zur Vormundschaft**
>
> Hiermit bestimme ich für den Fall meines Todes, daß für mein minderjähriges Kind Radclyffe, geboren am 8.3.94, Frau Patience Miller, geboren am 28.6.69, wohnhaft in 11111 Frauenland, George-Sand-Str. 11, zum Vormund bestimmt wird. Frau Patience Miller kennt meine Tochter Radclyffe seit ihrer Geburt. Sie beteiligt sich an der Betreuung und Erziehung des Kindes. Wir stimmen in Erziehungsvorstellungen und Erziehungsstil völlig überein. Meine Tochter ist Frau Patience Miller emotional sehr verbunden und begreift sie als ihre zweite Mutter. Dem Wohlbefinden und der weiteren Entwicklung meiner Tochter wäre daher im Falle meines Todes am ehesten gedient, wenn sie im Haushalt von Frau Miller weiter aufwachsen könnte und von ihr betreut und versorgt würde.
>
> Datum, Unterschrift

in denen die leiblichen Großeltern nach dem Tod ihrer Tochter das Sorgerecht für ihren Enkel einklagten und damit Erfolg hatten, weil die soziale Mutter ihre Rechte nicht kannte und ihre Familienbeziehung nicht klar darstellte. Gerichte sehen sich die Familien an, aus denen die Kinder herausgerissen werden sollen. Je älter das Kind ist und je sichtbarer seine Beziehung zur sozialen Mutter sich darstellt, um so mehr Chancen bestehen für sie, das Sorgerecht zu erhalten. Ein Testament zu ihren Gunsten stärkt ihre Position vor Gericht zusätzlich. Es ist empfehlenswert, diese Willenserklärung beim zuständigen Jugendamt zu hinterlegen. Dieses wird im Bedarfsfall überprüfen, ob die darin genannte Person als Pflegeperson für das Kind in Frage kommt.

Die USA ist uns in vielen Bereichen um einiges voraus. Eine gemeinsame Erziehungsberechtigung für Kinder ist aber auch dort noch nicht in Sicht. Deswegen erwägen viele lesbische und schwule Paare die sogenannte Second-Parent-Adoption.

Second-Parent-Adoption

Bei einer Second-Parent-Adoption werden sämtliche Rechte und Pflichten einer Elternschaft dem nicht sorgeberechtigten Elternteil innerhalb einer gleichgeschlechtlichen Partnerschaft zugestanden: Die Lebenspartnerin einer lesbischen Mutter beispielsweise adoptiert das Kind ihrer Freundin, ohne daß diese Einschränkungen bezüglich des Sorgerechts fürchten muß. Beide Mütter erhalten die gleiche rechtliche Stellung zum Kind. Die rechtliche Beziehung der Frauen untereinander ist durch diese Maßnahme nicht betroffen; nach wie vor sind sie nicht miteinander verwandt.

In einigen Bundesstaaten Kanadas, in Alaska, England und in den USA haben bereits zahlreiche Paare – darunter auch schwule Paare – eine Second-Parent-Adoption realisiert. In all diesen Ländern finden wir eine ähnliche Rechtsprechung wie in der Bundesrepublik, doch hierzulande ist kein Fall von einer gelungenen Second-Parent-Adoption bekannt. Die positiven Erfahrungen aus anderen Ländern zeigen aber, daß die Rechtsprechung an vorhandenen Paragraphen vorbei urteilen kann. Nur durch eine starke Lobby wurde diese Veränderung möglich. Eine Lobby, die durch ständige Eingaben und Anträge auf den Bedarf aufmerksam machte und so dazu beitrug, daß Paragraphen zum Wohle einer gleichgeschlechtlichen Elternschaft ausgelegt werden.

Deswegen sollten auch homosexuelle Paare in der BRD es wagen, einen Antrag auf Second-Parent-Adoption zu stellen, wenn sie nachweisen können, daß sie *beide* emotional und materiell für das Kind sorgen. Sollte der Antrag angenommen werden, müssen wie bei einer Fremdadoption etliche bürokratische Hürden überwunden und die Befähigung zur Elternschaft belegt werden. (Ein Musterschreiben, das dem Antrag beigefügt werden kann, ist auf dieser Seite abgedruckt.)

Beiblatt zum »second-parent-adoptions« Antrag

Das Kind hat keinen gesetzlichen Vater.
Die Entscheidung, Virginia zu zeugen und zu gebären, wurde gemeinsam von der Antragstellerin und ihrer Partnerin getroffen.
In jeder Hinsicht haben seit der Geburt des Kindes beide als gleichwertige Eltern für das minderjährige Kind gehandelt.
Sie erziehen das Kind gemeinsam.
Sie teilen sich die Verantwortung für Aufsicht und Pflege des Kindes ebenso wie den finanziellen Unterhalt für das minderjährige Kind.
Die Antragstellerin erfüllt in jeder Hinsicht ihre Elternpflicht dem minderjährigen Kind gegenüber, und das Kind betrachtet die Antragstellerin als Elternteil.

(Quelle: Burke 1994, 48)

Die abgedruckten Vertragsmuster können lediglich Anhaltspunkte für schriftliche Vereinbarungen bieten. Eine juristische Beratung vor Abschluß eines Vertrages ist dringend anzuraten. Lassen sich vor Ort weder eine lesbisch-schwule Elterngruppe noch mit der Thematik vertraute JuristInnen ausmachen, helfen die Anlaufadressen weiter. In vielen lesbisch-schwulen Zentren existieren Beratungsstellen, die nicht nur kostenlos Auskunft erteilen, sondern auch beim Abfassen von Schriftstücken behilflich sind.

Elternschaft durch Pflegschaft oder Adoption

Da lesbische und schwule Paare sich damit auseinandersetzen müssen, daß mindestens ein zukünftiger Elternteil mit dem Kind nicht biologisch verwandt sein wird, ziehen sie häufiger als heterosexuelle Paare eine Pflegschaft oder Adoption in Erwägung. Für Schwule ist Pflegschaft oder Adoption oft der einzige Weg, ein Kind zu »bekommen«.

Pflegschaft

Kinder, die das Jugendamt einer Pflegschaft unterstellt, werden aus familiären Gründen für einen kurzen Zeitraum oder für immer aus ihrer Herkunftsfamilie herausgenommen. Werden Pflegeeltern für sie gefunden, so haben diese entweder eine familienergänzende Funktion – falls die Rückkehr des Kindes zu seinen biologischen Eltern vorgesehen ist –, oder sie übernehmen eine familienersetzende Funktion, und das Kind bleibt dauerhaft bei seiner Pflegefamilie. Die Entscheidung darüber trifft das Jugendamt oder das Sozialgericht. Jeder, der eine Pflegschaft übernehmen will, sollte sich darüber klar sein, daß nur in den seltensten Fällen Eltern ihre Kinder freiwillig in Pflege geben. Sie leben meist in erreichbarer Nähe und können den Anspruch auf ihr Kind immer wieder geltend machen. Es soll ihnen nicht entfremdet werden und wieder zu ihnen zurückkehren können, wenn sich ihre Situation verbessert hat. So kann es zu schweren Konflikten zwischen allen Beteiligten kommen, wenn ein Kind nach längerer Zeit wieder aus seiner Pflegefamilie herausgerissen wird. Das Vormundschaftsgericht kann jedoch auf Antrag der Pflegeeltern anordnen, daß das Kind bei ihnen verbleibt, wenn es Gefahr läuft, im Hause der biologischen Eltern physisch und psychisch geschädigt zu werden (§ 1632 Abs. 4 BGB). Besteht ein Pflegeverhältnis bereits zwei Jahre oder länger, wird in der Regel die Rückkehr des Kindes zu den biologischen Eltern abgelehnt. Wird von Amts wegen von vornherein eine familienersetzende »auf Dauer angelegte Lebensform« angestrebt, was meist dann der Fall ist, wenn beide leiblichen Eltern das Sorgerecht verloren haben, kann davon ausgegangen werden, daß das Kind für immer bei den Pflegeeltern bleiben wird.

Für die Dauer der Pflegschaft erhalten die Pflegeeltern ein Pflegegeld, das sich u.a. nach dem Alter des Kindes richtet. Genauere Auskünfte erteilen die zuständigen Ämter.

Die wichtigsten gesetzlichen Regelungen in puncto Pflegschaft lassen sich in den Grundsatzbestimmungen zum Sorgerecht im *Bürgerlichen Gesetzbuch* (BGB) und in den Bestimmungen zur Vollzeitpflege im *Kinder- und Jugendhilfegesetz* (KJHG) nachlesen. Die komplexe rechtliche Situation wirft sehr viele Fragen auf, die hier nicht geklärt werden können. Wer eine Pflegschaft übernehmen will, sollte sich bei Beratungsstellen, Sozialarbeitern und Selbsthilfegruppen ausführlich informieren. Es ist ratsam, sich am eigenen Wohnort nach Lesben und Schwulen zu erkundigen, die eine Pflegschaft übernommen haben, da diese sicherlich am besten über den Ablauf des Geschehens Bescheid wissen.

Wer kann eine Pflegschaft übernehmen?

Formalrechtlich sind Homosexuelle heterosexuellen Einzelpersonen im Pflege- und Adoptionsrecht gleichgestellt. Eine *gemeinsame* Adoption steht allerdings laut Paragraph 1741 BGB nur Ehepaaren offen. Eine Pflegschaft kann hingegen von zwei Personen übernommen werden, die nicht miteinander verheiratet sind.

Aus Unkenntnis der Rechtslage gehen Lesben und Schwule oft davon aus, daß sie als Homosexuelle gar keine Chance hätten, ein Kind in Pflege zu nehmen. Doch wird Homosexualität im Pflegschaftsrecht weder als Ausschlußgrund noch in einem anderen Zusammenhang erwähnt. Dennoch sind die Möglichkeiten relativ begrenzt und von den verschiedensten Faktoren abhängig. Obwohl laut Aussage der Bundesregierung (Drs. 11/70) »generell die homosexuelle Orientierung bei Adoptiv- und Pflegeeltern kein Hinderungsgrund ist«, wird nur in Einzelfällen zugunsten homosexueller Antragsteller entschieden. Die Entscheidungsgewalt liegt bei den Jugendämtern, und hier spielen die Einstellungen der zuständigen Sachbearbeiter eine entscheidende Rolle. In der Regel begegnen sie Personen, die sich nicht in das traditionelle bürgerliche Familienideal einpassen lassen, mit Vorbehalten.

Im *Kinder- und Jugendhilfegesetz* wird die Vollzeitpflege ausdrücklich als Betreuung durch eine andere »Familie« bzw. als »Familienpflege« (§§ 33, 44 KJHG) definiert. Aufgrund dieser Formulierung haben die Jugendämter ein greifbares Argument, lesbische und schwule BewerberInnen für eine Pflegschaft abzuwimmeln, auch wenn der Begriff »Familie« heutzutage längst nicht mehr nur die traditionelle Kleinfamilie von Vater, Mutter und Kind meint. »Es gibt weder eine fachliche Weisung noch irgendeine Begründung dafür, daß Kinder nicht von Lesben und Schwulen aufgenommen werden könnten. Aber die Praxis zeigt doch, daß in vielen Köpfen nur dieses eine Familienleitbild vorherrscht, und dann werden Homosexuelle eben abgelehnt«, meint dazu eine Mitarbeiterin einer Beratungsstelle für Pflegeeltern.

Dennoch sollten Lesben und Schwule nicht von vornherein davon ausgehen, daß ihnen eine Pflegschaft nicht gewährt würde. Einige von ihnen waren mit ihrem Antrag bereits erfolgreich. Außerdem kann gegen die Ablehnung eines Antrags Widerspruch eingelegt werden.

Zumindest in ihren Broschüren vermitteln die Jugendämter inzwischen auch nicht mehr ausschließlich das konservative Bild von der Vater-Mutter-Kind-Koalition. Beispielsweise kommen nun auch unverheiratete Paare, Alleinstehende und Wohngemeinschaften als Pflegende in Frage. Lesben und Schwule, die sich vor zehn Jahren noch als Alleinstehende beworben und ihre homosexuelle Identität verschwiegen hätten, bringen heute oft gerade aufgrund ihrer Offenheit Behörden zum Umdenken. Ein lesbisches Paar weiß davon zu berichten: »Uns wurde im nachhinein erzählt, daß bei der Entscheidung, uns die Pflegschaft für Jasmin zu überlassen, gerade unsere Offenheit als positives Kriterium gewertet wurde.«

Die Sachbearbeiterin eines Jugendamtes äußerte im Rahmen einer Veranstaltung über »Lesben als Mütter – Schwule als Väter«, daß es ihr besonders wichtig sei, daß lesbisch-schwule Pflegeeltern sich offen zu ihrer Homosexualität bekannten. Nur so könne man es für gewährleistet halten, daß ihre Homosexualität kein Problem für sie darstelle. Für diese Sachbearbeiterin war das Bekenntnis zur lesbisch-schwulen Lebensform ein Ausdruck von Selbstbewußtsein und Stabilität – Sicherheiten, die ein Kind unbedingt braucht. Paare, die ihre Homosexualität nur verdeckt leben können, lehnt diese Frau als Pflegeeltern ab, denn »durch das Verdecktleben und die oft damit verbundene Geheimniskrämerei tauchen für Kinder nur Unsicherheiten auf. Das wäre für Pflegekinder eine weitere Belastung, die ich nicht befürworten kann«.

Besonders in Großstädten ist man lesbisch-schwulen Eltern gegenüber aufgeschlossener als anderswo. Immer mehr setzt sich dort die Ansicht durch, daß sie genauso gute Eltern sein können wie Heterosexuelle. Je mehr darüber bekannt wird, desto größer wird die Chance für weitere BewerberInnen.

Wie wird man Pflegemutter oder Pflegevater?

Ein Antrag auf Pflegschaft ist beim Amt für Soziale Dienste zu stellen. Vorab sollte man sich Informationsmaterial von dieser Behörde oder vom Jugendamt zuschicken lassen und gerade als Lesbe oder Schwuler eventuell Beratung bei einem Rechtsanwalt suchen, um dem Amt gegenüber sicher und kompetent auftreten zu können.

Alle Absprachen sollten schriftlich festgehalten werden – auf mündliche Zusicherungen ist kein Verlaß, und oft werden sie schnell wieder zurückgenommen.

Das Amt für Soziale Dienste erhält nicht nur den Kontakt zu den Herkunftsfamilien der Pflegekinder aufrecht, es ist auch entscheidend an der Vorbereitung der Pflegschaft sowie an der Auswahl und Beratung der Pflegeeltern beteiligt. Außerdem bietet es Arbeitskreise und Vorbereitungsseminare an, die den Bewerbern Orientierungshilfen und Antwort auf manche Fragen bieten, z.B.:

- Wie groß ist die Chance, überhaupt ein Kind vermittelt zu bekommen?
- Wie lange beträgt dann die Wartezeit?

- Können wir Vorstellungen darüber äußern, was für ein Kind wir möchten?
- Werden wir finanziell unterstützt?

Die Teilnahme an diesen Seminaren ist freiwillig.

Um bereits im Vorfeld die Rechtsgrundlagen einer Pflegschaft und deren grundsätzliche Bedeutung zu klären, führt ein Sozialarbeiter zahlreiche Gespräche mit den BewerberInnen. Danach erfolgt die Eignungsfeststellung durch das Amt. Dabei müssen die BewerberInnen nicht nur in weiteren Gesprächen ihre Motivation für die Übernahme einer Pflegschaft darlegen, sondern auch Hausbesuche über sich ergehen lassen, bei denen festgestellt werden soll, ob die häusliche Umgebung für die Aufnahme eines Kindes geeignet ist. Marina, eine lesbische Mutter, erinnert sich: »Wir hatten damit keine Probleme. Die Gespräche zogen sich über zwei, drei Monate hin, und wir hatten nie das Gefühl, kontrolliert zu werden. Es entstand ein reger Austausch mit der Sozialarbeiterin. Es ist wichtig, daß die Pflegeeltern genau auf ihre Eignung hin überprüft werden, denn ein Pflegeverhältnis soll ja Bestand haben. Für ein Kind ist es doch schrecklich, wenn es die Pflegefamilie immer wieder wechseln muß.« Von dieser Prüfung sind übrigens heterosexuelle Bewerber ebenfalls betroffen.

Bei der Auswahl der Pflegeeltern haben die leiblichen Eltern ein Mitspracherecht. Sie können selbst dann, wenn eine Sozialarbeiterin sich für ein (homosexuelles) Paar ausgesprochen hat, verhindern, daß es mit der Pflege betraut wird. Nach Aussage einer Sachbearbeiterin »ist es dann oft der Fall, daß, je defizitärer die eigene Familie ist, die Pflegefamilie um so vollkommener sein muß. Die Eltern suchen nach einer Idealfamilie, bestehend aus Vater, Mutter und dem zukünftigen Kind«.

Frauen und Männer, die eine Pflegschaft beantragen, müssen sehr viel Geduld aufbringen, um alle nötigen Informationen zusammenzutragen, die bürokratischen Hürden zu nehmen und den psychischen Druck lang andauernder Unsicherheit auszuhalten. Sie sollten sich darauf einstellen, nach der Antragstellung vielleicht etliche Monate lang warten, dann aber kurzfristig entscheiden zu müssen, ob sie das ihnen zugeteilte Kind aufnehmen wollen. Vorher wird aber mindestens ein Treffen mit den leiblichen Eltern, dem Kind, Sozialarbeitern und den zukünftigen Pflegeeltern vereinbart, um sich kennenzulernen.

Adoption

Die wichtigsten Regelungen zu diesem Thema sind im *Adoptions-* und *Adoptionsvermittlungsgesetz* festgehalten. Das Adoptionsgesetz regelt, wer unter welchen Voraussetzungen wen adoptieren darf. Im Adoptionsvermittlungsgesetz wird das Zusammenwirken zwischen den leiblichen Eltern, dem Kind, den Behörden und den Adoptiveltern geregelt. Bestimmungen über die »Annahme als Kind« sind im Bürgerlichen Gesetzbuch verankert (§§ 1741-1772).

Zwischen einer Pflegschaft und einer Adoption besteht ein wichtiger Unterschied: Bei einer Pflegschaft wird ein Kind von einer oder mehreren Personen *auf*genommen, die gleichberechtigt für es sorgen, bei einer Adoption hingegen wird es von einer Einzelperson oder einem Ehepaar an Kindes statt *an*genommen. Ein adoptiertes Kind hat die rechtliche Stellung eines ehelichen Kindes der Adoptiveltern (§ 1754 BGB). Alle Rechtsverbindlichkeiten zwischen leiblichen Eltern und deren Familienangehörigen einerseits und dem Kind andererseits erlöschen mit der Adoption (§§ 1755, 1756 BGB). Das Kind erhält den Familiennamen seiner Adoptivmutter oder seines Adoptivvaters oder den Familiennamen der Adoptiveltern (§ 1757 BGB).

Eine Adoption befreit die Adoptiveltern von all jenen

Ängsten, die bei einer Pflegschaft unweigerlich immer wieder auftauchen. Darüber berichtet z.B. Andrea: »Bei einer Pflegschaft hatten wir große Bedenken. Wir haben hin und her überlegt, da wir dann ja wenig Rechte an dem Kind und andauernd die Eltern mit dazwischen gehabt hätten. Das war uns irgendwie unheimlich. Denn wenn wir für ein Kind verantwortlich sein wollten, dann ganz. Wir wollten uns nicht jedesmal mit den Behörden auseinandersetzen. Und dann wären womöglich die Eltern irgendwann wiedergekommen und hätten gesagt: ›Ja, bei uns ist jetzt alles wieder o.k., wir wollen unser Kind wiederhaben‹.«

Wer kann ein Kind adoptieren?

Das Gesetz enthält detaillierte Angaben über den Personenkreis, der für die Adoption eines Kindes in Fage kommt (§1741 BGB). In der Regel sind dies nur Ehepaare und Alleinstehende, die mindestens 25 Jahre alt sind. Rechtlich gesehen ist es also durchaus möglich, daß Homosexuelle sich als Alleinstehende bewerben. Bei den zuständigen Vermittlungsstellen scheint diesbezüglich ein Umdenkungsprozeß in Gang gekommen zu sein: »Die Einstellungen hier in den Ämtern haben sich in den letzten fünf, sechs Jahren verändert. Aber wir müssen ja auch erst mal Erfahrungen sammeln. Die Tatsache, daß Bewerber lesbisch oder schwul sind, ist kein Ausschlußgrund. Genau wie bei anderen Bewerbern muß geprüft werden, wie für das Kind gesorgt werden kann und wie die Existenzsicherung geregelt ist.«

Bei Einzelpersonen wird die Eignung als Adoptivmutter oder -vater besonders eingehend geprüft. Dabei geht es vor allem darum, ob sie in der Lage sind, das Kind alleine zu betreuen und es finanziell abzusichern. Zumindest im ersten Jahr wird eine Fremdbetreuung des Kindes im Kindergarten oder durch eine Tagesmutter etc. abgelehnt.

In einigen wenigen Fällen wurde homosexuellen Paaren

eine Adoptionserlaubnis erteilt. Sie mußten sich wie jedes Ehepaar auch einem »Eignungstest« unterziehen. Dennoch ist rechtlich gesehen nur einer der Partner Adoptivvater oder -mutter, da nur Ehepaare ein Kind gemeinsam adoptieren dürfen. De facto kann ein Kind jedoch von einer Person adoptiert und in einem Zweipersonenhaushalt aufgezogen werden.

Auschlaggebend für die positive Entscheidung zugunsten eines lesbischen Paares war laut betreuender Sozialarbeiterin, »daß von vornherein klar war, daß sie wechselseitig ihrer Berufstätigkeit nachgehen und sich in der Kinderbetreuung abwechseln werden. Es ist nicht zwingend, im Falle einer Adoption den Beruf aufzugeben, aber die Betreuung des Kindes hat Vorrang, und es ist besser, wenn die Existenzsicherung nicht nur von einer Person abhängt. Es wäre schlecht, wenn die Partnerschaft in die Brüche ginge, weil dann die Adoptivmutter mit dem Kind mittellos dastünde.«

Letzteres kann natürlich auch unverheirateten heterosexuellen Paaren passieren. Diese, so die Sozialarbeiterin, würden jedoch in der Regel nach einer Adoptionsbewilligung heiraten. Der Wunsch, gemeinsam die Verantwortung für ein Kind zu übernehmen, sei für diesen Entschluß oft ausschlaggebend.

Die im Anhang aufgeführte Literatur zum Thema »Adoption« ist leider nur bedingt empfehlenswert. Alleinstehende werden kaum erwähnt, oder es wird darauf verwiesen, daß eine Vollfamilie für das Kind besser wäre. Auch Lesben und Schwule als Adoptivmütter und -väter fallen in den meisten Fällen unter den Tisch. Dennoch: Einige nützliche Orientierungshilfen sind in den genannten Publikationen enthalten. Des weiteren sei die Kontaktaufnahme mit anderen lesbisch-schwulen Pflege- und Adoptivfamilien empfohlen. Kontaktadressen vermitteln die örtlichen Lesben- und Schwulenzentren (siehe Anhang).

Fremdadoption

Als »Fremdadoption« wird, im Gegensatz z.B. zur Annahme blutsverwandter Kinder, die Adoption fremder Kinder bezeichnet.

Kinder verschiedenen Alters und unterschiedlichster Nationalität werden an Adoptiveltern vermittelt, wenn sie wegen einer persönlichen oder sozialen Notlage nicht bei den leiblichen Eltern aufwachsen können. Diese müssen in die Adoption einwilligen und dies in einer notariell abgesicherten Abtrittserklärung schriftlich niederlegen. Bei nichtehelichen Kindern genügt es, wenn die biologische Mutter sie zur Adoption freigibt. Die Reform des Kindschaftsrechts sieht vor, beim nichtehelichen Kind auch die Einwilligung des Vaters vorauszusetzen. Bei der Wahl der Adoptiveltern haben die leiblichen Eltern Mitspracherecht.

In der Bundesrepublik wird bei einer Fremdadoption zwischen einer »Inkognito-Adoption« und einer »offenen Adoption« unterschieden. Meistens geschieht die Vermittlung eines Kindes inkognito, d.h., die leiblichen Eltern erfahren weder den Namen noch die Anschrift der Person, die ihr Kind aufnimmt. Da sie jedoch ein Mitentscheidungsrecht haben, werden sie über die persönlichen, familiären und wirtschaftlichen Verhältnisse der Adoptiveltern informiert. Im Gegenzug wird den Adoptiveltern die Identität der leiblichen Eltern offenbart, sofern diese bekannt ist.

Bei einer offenen Adoption kennen sich beide Seiten namentlich, was für das Adoptivkind bedeutet, daß es seine leiblichen Eltern kennenlernen kann. Diese Form der Adoption ist zur Zeit noch relativ selten, wird aber von vielen Jugendämtern aufgrund positiver Erfahrungen befürwortet: »Je offener die Adoption gehandhabt wird, desto weniger Konflikte tauchen später bezüglich der Identitätssuche des angenommenen Kindes auf. Da uns beide Seiten bekannt sind, eben auch mit ihren Ängsten und Vorbehalten, bieten wir immer eine Unterstützung für die gegenseitige Kontaktaufnahme an«, so die Sachbearbeiterin eines Jugendamtes. Vielfach wird auch eine Mischung zwischen Inkognito-Adoption und offener Adoption praktiziert – die Entscheidung darüber treffen sowohl die leiblichen als auch die Adoptiveltern. Sobald die Adoption rechtskräftig wird, verlieren die leiblichen Eltern jedes Mitspracherecht in bezug auf die Erziehung ihres Kindes.

Der Adoptionsantrag

Der erste Schritt auf dem Weg zur Adoption ist ein Gang zur Adoptionsvermittlungsstelle des zuständigen Jugendamtes. Diese Behörden laden zu einem Gespräch ein, in dem über Adoptivkinder, den Prüfungs- und späteren Vermittlungsablauf informiert wird. Danach kann der Adoptionsantrag gestellt werden, dem neben persönlichen Dokumenten (u.a. Führungszeugnisse, gegebenenfalls Heiratsurkunde, Auszüge aus dem Familienbuch etc.) u.a. ein ausgefüllter Fragebogen zu persönlichen Daten, ein Lebenslauf und eine ausführliche Begründung des Adoptionswunsches beigefügt wird. Darüber hinaus muß ein Bewerber noch mehrere Gespräche mit einer Sozialarbeiterin des zuständigen Amtes führen. Wie bei der Prüfung eines Pflegschaftsantrags kommen auch hier Sozialarbeiter ins Haus, um nicht nur die persönliche Eignung der Bewerber, sondern auch ihre äußeren Lebensumstände zu begutachten.

Insbesondere lesbische und schwule BewerberInnen müssen sich darauf einstellen, daß ihre Lebensform immer wieder hinterfragt wird. Viele Sozialarbeiter betreten hier unbekanntes Terrain und machen sich Gedanken über die Identifikationsmöglichkeiten des Kindes. Auch wenn man manche ihrer Fragen für unangemessen oder banal hält, so sollte man sie doch ernsthaft beantworten, um sich nicht von vornherein alles zu verbauen.

Ist die Prüfung positiv verlaufen, wird die Bewerberin ca. zwei Jahre lang in eine Bewerbungsliste aufgenommen. Klappt die Vermittlung eines Kindes während dieser Zeit nicht, wird die Wartezeit in Ausnahmefällen noch einmal verlängert. Die Aufnahme in die Bewerbungsliste garantiert also keineswegs eine erfolgreiche Adoption.

Die Konkurrenz auf dem »Adoptionsmarkt« ist groß. Viele alleinstehende Mütter wünschen sich für ihr Kind eine sogenannte Vollfamilie. Dadurch, so meint die Sachbearbeiterin der Hamburger Vermittlungsstelle, »sind die Chancen für Lesben und Schwule sehr gering, wenn nicht gar aussichtslos«. Angesichts der Tatsache, daß statistisch ca. 30 Bewerber und Bewerberinnen jeweils um ein Kind »buhlen«, haben nicht nur die Ämter, sondern auch die leiblichen Eltern eine große Auswahl, was die zukünftigen Adoptiveltern anbelangt. Die Entscheidung fällt fast immer zugunsten einer bürgerlichen Kleinfamilie aus. Anders bei Kindern, die Opfer eines sexuellen Mißbrauchs wurden oder aus anderen Gründen als »schwer vermittelbar« gelten. Insbesondere nach Mißbrauchs- oder Mißhandlungserfahrungen drängen die Mütter dieser Kinder auf eine Vermittlung in einen männerlosen Haushalt.

Bevor eine Adoption rechtskräftig wird, muß das Kind laut Paragraph 1744 BGB für eine angemessene Zeit bei den Adoptionsbewerbern in Pflege bleiben. Diese müssen dann bereits über eine Adoptionsbewilligung verfügen. In der Regel dauert die Adoptionspflegezeit ein Jahr, in dem sich das Kind eingewöhnen und ein Vertrauensverhältnis zu seinen Pflegeeltern aufbauen soll. Während dieser Zeit liegt die rechtliche Vertretung für das Kind beim Jugendamt, das bei Fragen oder Konflikten die Pflegeeltern auch gerne berät.

Nach Ablauf der Pflegezeit überprüft das Jugendamt noch einmal, ob die Adoption in jeder Hinsicht dem Wohle des Kindes entspricht. Danach wird sie vom zuständigen

Vormundschaftsgericht für rechtskräftig erklärt und kann nicht mehr rückgängig gemacht werden.

Auslandsadoption

Das, was Andrea und Nicole im Rahmen ihrer Beratungsgespräche erfahren haben, ist leider nur zu oft Realität: »Die Sachbearbeiterin hat uns dann erzählt, daß die wenigsten Adoptionswilligen ein klares Nein bekommen. Es wird einfach so gehandhabt, daß sie keine Kinder vermittelt bekommen. Man wartet sich tot. Und das hat sie uns auch ganz klar gesagt. Auch, daß wir eventuell ein aidskrankes oder sexuell mißhandeltes Kind bekämen, aber niemals ein deutsches Kind. Uns war klar, die lassen uns verhungern. Auch wenn der Antrag durchkommt. Deswegen haben wir uns für eine Auslandsadoption entschieden. Außerdem wollten wir einen Säugling, und den hätten wir nie zugesprochen bekommen.«

Eine Alternative zur Adoption eines deutschen Kindes ist die sogenannte Auslandsadoption. Hier gibt es in der Regel keinerlei Kontakte zwischen Adoptiveltern und leiblichen Eltern, und auch die Adoptionspflegezeit fällt weg. Die Gründe dafür liegen auf der Hand: Bei Auslandsadoptionen sind die leiblichen Eltern dem Jugendamt oft gar nicht bekannt, und auch wenn das Kind nicht mit seinen Adoptionseltern zurechtkommen sollte, besteht keine Möglichkeit mehr, es in sein Heimatland zurückzubringen. In den meisten Fällen wird es sofort voll adoptiert und erhält die deutsche Staatsangehörigkeit. Da alle mit der Auslandsadoption verbundenen Fragen sehr komplex sind, sollten Interessierte auf jeden Fall sachkundigen Rat einholen (Adressen im Anhang).

Kinder aus dem Ausland – oft aus den Ländern der »Dritten Welt« – werden nicht von den staatlichen Adoptionsvermittlungsstellen vermittelt. BewerberInnen müssen sich mit ihrer Adoptionsbewilligung oder der sogenannten Unbedenklichkeitsbescheinigung bei den anerkannten Vermittlungsstellen für Auslandsadoptionen melden (Adressen im Anhang). Diese Organisationen fordern einen sogenannten Sozialbericht (auch »home-study« genannt), der während des Adoptionsbewilligungsverfahrens vom Jugendamt erstellt wird. Er muß vor der Vermittlung eines Kindes der ausländischen Kontaktstelle vorgelegt werden.

Kritiker behaupten, daß nur ein geringer Anteil der Auslandsadoptionen verantwortungsbewußt bzw. legal durchgeführt werde. Es würden nicht Eltern für Kinder gesucht, sondern Kinder für Eltern, die bereit seien, über welche Kanäle auch immer jeden Preis für ein ersehntes Kind zu zahlen (Bach, 1986). In diesen Fällen handelt es sich eindeutig um Kinderhandel, der nichts mit seriöser Adoption gemein hat. Deswegen sollten sich Interessierte an die hier in Deutschland anerkannten (nichtstaatlichen) Vermittlungsstellen wenden.

Diese Organisationen setzen sich mit den Adoptionswilligen in Verbindung, sobald ein Kind aus einem »Dritte-Welt«-Land ein neues Zuhause braucht. Außerdem kümmern sie sich um alle bürokratischen Belange. In den meisten Fällen müssen die Adoptionsbewerber das Kind in dem entsprechenden Land abholen.

Darüber hinaus gibt es auch die Möglichkeit, auf eigene Faust Adressen von legalen Adoptionsvermittlungsstellen im jeweiligen Land zu ermitteln. Dabei ist einzukalkulieren, daß sämtliche Dokumente in die Landessprache übersetzt und beglaubigt werden müssen. Die Vorstellung, sich mit diesen Dokumenten unterm Arm in ein Flugzeug zu setzen, um eine Woche später mit einem Kind zurückzukommen, ist illusorisch. In den sogenannten Entwicklungsländern laufen die Behördenmühlen noch langsamer als in Deutschland. Adoptionswillige müssen nicht nur viel Geduld, Durchsetzungsvermögen und Sprachkenntnisse mitbringen, sondern auch sehr viel Zeit.

Nicole und Andrea mußten wochenlang die Kranken- und Waisenhäuser abklappern, bevor sie ein Kind fanden, welches zur Adoption freigegeben war. Bis sie schließlich alle nötigen Papiere für die Ausreise hatten, dauerte es noch einmal über sechs Wochen.

Aus welchen Überlegungen heraus sich Adoptionswillige für ein ausländisches Kind entscheiden, können sie nur selbst beantworten. Angesichts der Tatsache, daß in Deutschland ca. 60 Prozent der AdoptionsbewerberInnen kein Kind vermittelt bekommen, ist das Interesse der Betroffenen für ein Kind aus der »Dritten Welt« verständlich, ethisch aber durchaus hinterfragbar. Zwar kann die Adoption eines der Millionen vom Tode bedrohter Kinder aus der »Dritten Welt« als humanitäre Einzelfallhilfe angesehen werden, doch ist dies nur die eine Seite der Medaille, denn für das Geld, das im Adoptionsverfahren in »fremde« Taschen fließt, könnte ein Kind in seinem Heimatland aufgezogen werden. Aus diesem Grund versuchen Auslandsadoptions-Organisationen hierzulande neben der Adoptionsvermittlung auch mit Hilfsprojekten die Zustände vor Ort nach Kräften zu verbessern. Auch Adoptionsverfahren in den »Dritte-Welt«-Ländern selbst werden von diesen Organisationen unterstützt. Im Mittelpunkt des Interesses steht dabei immer das Kind, das möglichst in seinem gewohnten sozialen Umfeld bleiben soll.

Generell sind die Probleme, die sich durch die Adoption eines Kindes aus einem anderen Land ergeben, nicht zu unterschätzen. Der Austausch mit anderen Adoptiveltern und den Organisationen ist für eine Entscheidungsfindung sehr hilfreich (Adressen im Anhang).

Antwortschreiben der Stadt Hamburg auf eine Anfrage bezüglich der Möglichkeit der Adoption

FREIE UND HANSESTADT HAMBURG
Behörde für Schule, Jugend und Berufsbildung

Amt für Jugend
Referat Adoptionsangelegenheiten

Fernsprecher:
Durchwahl:
Behördennetz:

Amt für Jugend. Papenstr. 23, 22089 Hamburg

Sitz: Papenstr. 23
22089 Hamburg

Datum und Zeichen Ihres Schreibens: Geschäftszeichen: Bei Antwort bitte angeben Datum::

Betreff

Ihr Adoptionsantrag

Sehr geehrte Adoptionsbewerber,

zu Ihrem Adoptionsantrag bitten wir Sie, uns folgende Unterlagen einzusenden:

1. Lebensläufe
   Bitte schildern Sie ausführlich Ihren persönlichen Werdegang. Nennen Sie uns bitte auch eine Begründung für Ihren Adoptionsantrag.
2. Wir hätten gern ein Foto von Ihnen; es können Einzelfotos, es kann auch eine gemeinsame Aufnahme sein.
3. Bitte übersenden Sie uns für jeden von Ihnen Führungszeugnisse.
4. Wir benötigen Kopien von
   Ihrer Heiratsurkunde/oder einen Auszug aus dem Familienbuch
   Geburtsurkunden leiblicher Abkömmlinge evtl.
   Scheidungsurteile aus einer vorangegangenen Ehe.
5. Einverständniserklärung (s. Anlage).

Mit freundlichem Gruß

Ihre Adoptionsvermittlungsstelle
Hamburg

Fragebogen für Adoptionsbewerber

I. Persönliche Daten der/des Bewerber(s)

	Bewerber	Bewerberin
Familienname		
Geburtsname		
Vornamen		
Geb.-Datum		
Geb.-Ort		
Anschrift		
Fernsprecher		
Staatsangehörigkeit		
Konfession		
erlernter Beruf		
ausgeübter Beruf		
Datum der Eheschließung		
Frühere Ehen Zeitraum:	verw./gesch.	verw./gesch.

Kinder

Familienname	Vorname	Geburtsd datum	Im Haushalt lebend	ehelich	nichtehelich	Pflegekind	Adoptivkind
			☐ ja ☐ nein				
			☐ ja ☐ nein				
			☐ ja ☐ nein				
			☐ ja ☐ nein				

Sonstige Haushaltsangehörige

Familienname	Vorname	Geburts-datum	Verwandtschafts-verhältnis

II. Gesundheitliche Verhältnisse
bisherige Erkrankungen, Krankenhausaufenthalte, z.Z. bestehende Behandlungen, Behinderungen

Bewerber Bewerberin	
Kinder	
im Haushalt lebende Verwandte	

III. Wohnverhältnisse

	Haus	Wohnung	
Eigentum	☐	☐	Anzahl der Räume..........
gemietet	☐	☐	qm insgesamt.................
Miete einschließlich Nebenkosten .... DM			

IV. Wirtschaftliche Verhältnisse

Einkommen (netto) aus Erwerbstätigkeit	Bewerber	Bewerberin
aus Vermögen, Renten, Grundbesitz o.ä.		
Finanzielle Belastungen aus: Darlehen, Ratenzahlungen, Unterhaltsverpflichtungen o.ä.		

V. Vorstellungen über das Adoptivkind

Geschlecht

männlich	weiblich	männlich oder weiblich	Geschwister	Zwillinge
☐	☐	☐	☐	☐

Alter

Säuglinge	1-3 Jahre	4-6 Jahre	7-9 Jahre	10 Jahre und älter
☐	☐	☐	☐	☐

Herkunft		
deutsch ☐	ausländisch-hellhäutig ☐	ausländisch-dunkelhäutig ☐

....
Unterschrift

....
Unterschrift

....
Ort Datum

3.

Mit Kindern leben. Lust und Frust lesbisch-schwuler Elternschaft

Lesbische und schwule Paare mit Kindern haben größtenteils dieselben Konflikte zu bewältigen wie heterosexuelle Familien, insbesondere, wenn es um die traditionellen Konfliktbereiche geht wie ökonomische Absicherung, Aufgabenverteilung im Haushalt, Kinderbetreuung oder Sexualität. Bei der Lösung dieser Konflikte können sie sich allerdings nicht auf etablierte Rollenkonzepte wie etwa die traditionellen Geschlechterrollen stützen, die, so angreifbar sie sein mögen, doch ein gewisses Maß an Verhaltenssicherheit bieten. Im folgenden sollen deshalb die verschiedenen Alltagsprobleme erörtert werden, mit denen lesbisch-schwule Eltern tagtäglich fertigwerden müssen.

Zunächst aber wird es um die Diskriminierung im Bereich Sorgerecht gehen, denn für alle die Mütter oder Väter, die sich von ihren andersgeschlechtlichen Partnern oder Partnerinnen trennen, um künftig in einer homosexuellen Beziehung zu leben, ist es entscheidend, ob sie das Sorgerecht für die Kinder aus der früheren heterosexuellen Beziehung zugesprochen bekommen.

Diskriminierungsfeld Sorgerecht

Das Sorgerecht oder auch die elterliche Sorge wird im BGB in den Paragraphen 1626 und folgende geregelt. Unter elterlicher Sorge versteht das Gesetz das Recht und die Pflicht der Eltern, für das minderjährige Kind zu sorgen. Ehepaare haben immer das gemeinsame Sorgerecht. Kommt es zu einer Trennung, entscheidet das Gericht, wem das gemeinsame Kind zugesprochen wird (§ 1671 BGB). Diese Entscheidung soll nur zum Wohle des Kindes getroffen werden. Da das »Wohl des Kindes« nicht exakt definiert werden kann, ist die Auslegung immer abhängig von herkömmlichen Einstellungen.

Zum Wohle des Kindes muß festgestellt werden, bei welchem Elternteil eine gesunde Entwicklung des Kindes im körperlichen, seelischen und geistigen Bereich gewährleistet ist. Bei der Entscheidung müssen sich die Rechtssprechenden an den individuellen Bedürfnissen des Kindes, der Erziehungseignung der Eltern sowie grundlegenden gesellschaftlichen Wertungen orientieren. Und genau da liegt das Problem. Fragen des Ehe- und Familienrechts, also auch Scheidungs- und Sorgerechtsverfahren, obliegen einer Justiz, die Heterosexualität als allgemeingültige Norm unhinterfragt voraussetzt. Die Auswirkungen dieser Denkweise spiegeln sich in der Rechtsprechung wider. In der Regel werden insbesondere kleine Kinder nach einer Trennung der Mutter zugesprochen. Die Meinung, daß ein Kind zur Mutter gehöre, ist fest in unserer Gesellschaft verankert – es sei denn, sie sei lesbisch. Kommt im Verlauf eines Sorgerechtsprozesses ihre sexuelle Orientierung ins Gespräch, gelten plötzlich die Väter der Kinder als die besseren »Mütter«. Noch 1970 hat nur ein Prozent der in Sorgerechtsverfahren verstrickten lesbischen Mütter in den USA das Verfahren »gewonnen«, in den 80er Jahren waren es immerhin schon 15 Prozent (Bozett 1987). Für die Bundesrepublik liegen darüber zwar keinerlei Daten vor, doch läßt sich, wie im folgenden noch zu sehen sein wird, die Diskriminierung von lesbischen Frauen durch Gerichtsurteile belegen. Es scheint internationaler Konsens darüber zu bestehen, daß eine homosexuelle Orientierung den Elternteil nicht per se als Sorgerechtsinhaber disqualifiziert, wohl aber die gleichgeschlechtliche Lebensweise (Dimski 1995, 468).

Homosexualität wird von den meisten Richtern nur unter den Aspekten Normabweichung und Stigmatisierung betrachtet. Lesbisch-schwulen Eltern wird unterstellt, daß sie aufgrund ihrer sexuellen Orientierung als Eltern ungeeignet seien. Die Argumentationsweise der Gerichte ist dabei aufschlußreich: Man geht davon aus, daß lesbische Frauen einer gesellschaftlichen Diskriminierung unterliegen, und dies um so mehr, je offener sie sich zu ihrer lesbischen Lebensweise bekennen. Das Kind sei – zu seinem Wohl – vor einer Konfrontation mit diesen diskriminierenden Erfahrungen zu schützen, indem der Mutter das Sorgerecht nicht zuerkannt bzw. entzogen werde. Die juristische Diskriminierung von Lesben in Sorgerechtsprozessen wird also durch eine soziale Diskriminierung argumentativ zu legitimieren versucht. Stigmatisierung und Diskriminierung haben aber nichts mit der Eltern-Kind-Beziehung zu tun, sondern mit gesellschaftlichen Reaktionen. Es ist ein gesellschaftliches Produkt, und es liegt weder in den Händen der Eltern noch der Kinder, daran etwas zu ändern. Sie können sich lediglich darauf einstellen. Wie an anderer Stelle ausgeführt, zeigen Kinder, die sich in ihrem familialen Umfeld aufgehoben fühlen, keine Verunsicherungen, weder im Umgang mit Gleichaltrigen noch in der Schule, auch wenn die Gesellschaft sie damit konfrontiert, in einer abweichenden Lebensform aufzuwachsen.

1983 entschied ein Münchner Gericht, dem Vater das Sorgerecht für die Tochter zuzusprechen, mit der Begründung, daß das Leben beim Vater »im Rahmen der üblichen gesellschaftlichen Normen überschaubarer und ruhiger verlaufen dürfte, als bei der Mutter« (zit. nach: Behrmann/Trampenau 1991, 50).

In einem Sorgerechtsurteil von 1994 (unveröffentlicht) kommt eine Richterin zu dem Schluß: »Es widerspricht dem Wohl des Kindes eklatant, wenn deren Betreuung durch die »Lebensgefährtin« der Mutter erfolgen soll.«

Ohne, daß ein konkreter Sachverhalt existiert, der Anlaß zur Besorgnis um das Wohlergehen der Kinder geben könnte, wird hier einer lesbischen Mutter das Sorgerecht entzogen.

In Mai 1988 entschied das Dortmunder Familiengericht aufgrund eines Gutachtens der Gerichtspsychologin, einer lesbischen Mutter das Sorgerecht für ihren zehnjährigen Sohn zu entziehen. Die Urteilsbegründung stützte sich auf die Aussage der Psychologin, »zu erwarten ist, daß der Sohn in der Begegnung mit dem Vater Unterstützung und Orientierung auch im Hinblick auf die notwendige Ausbildung seiner männlichen Identität findet« (ebenda). Die größten Befürchtungen seitens der Gerichte, stellen die Vorstellungen dar, Kinder mit lesbischen Müttern oder schwulen Vätern könnten in ihrer Geschlechtsrollenidentität empfindlich gestört sein und sich darüber hinaus homosexuell entwickeln. Unterstützt werden diese Vorurteile durch GutachterInnen und Anwälte, die in diesen Rechtsstreitigkeiten Stellung nehmen. PsychologInnen vertreten in ihren Gutachten noch häufig die Meinung, Homosexualität sei eine Fehlentwicklung, und sie scheuen auch nicht davor zurück, »die Möglichkeit einer heilenden Analyse« anzubieten wie folgende Gutachterin:

»Ich als wissenschaftlich eingestellte Tiefenspsychologin analytischer Prägung [kann] nicht davon ausgehen, die lesbische Praktik sei gerade so normal wie eine heterosexuelle Beziehung. Ich bot nach einem explorativen Gespräch Frau E. die Möglichkeit einer heilenden Analyse an, die diese jedoch ablehnte, da sie die erklärte Absicht hatte, sich für die Zukunft lesbisch einzustellen. Es ist wohl verständlich, daß ich angesichts dieses Hintergrunds offen betonen mußte, ich müsse mir ganz besondere Gedanken darüber machen, ob ein Kind in einer solchen von mir als psychisch gestört anzusprechenden Atmosphäre nicht möglicherweise Schaden nehmen könnte.«

Aussagen wie diese führen dann zu einem Sorgerechtsentscheid zugunsten des Vaters und zu Schriftsätzen, die von keinerlei pädagogischem Verständnis zeugen: »Daß Homosexualiät, auch unter Frauen, unnatürlich und abartig ist, ist nach wie vor herrschende Auffassung der Medizin und Psychologie, also der Fachwissenschaften. Daß Homosexualität vom Gesetzgeber – bis auf Ausnahmen – legalisiert ist, ändert daran nichts. Daß eine unnatürliche und psychisch ebenso wie physisch abartige Veranlagung einer Mutter auf ein minderjähriges Mädchen von sieben Jahren stark reflektiert und in dieser Richtung eine Prägung des Kindes vorraussehbar ist, entspricht wohl weitestgehend der Lebenserfahrung, so daß u.E. darüber zusätzlich ein Sachverständigengutachten nicht unbedingt erforderlich wäre. Reflektionen des elterlichen Verhaltens auf Kinder, durch Prägung des Charakters und der Persönlichkeitseigenschaften, sind so allgemein bekannt, daß dies als gefestigter Erfahrungswert gilt: Aus einem strenggläubigen Elternhaus kommen regelmäßig – von Ausnahmen abgesehen – gläubige Kinder; aus einem Elternhaus, in dem der Eigentumsbegriff nicht gilt (diebische Familie) kommen entsprechende Abkömmlinge (Milieu); aus einer sportlich orientierten Familie kommen regelmäßig auch sportlich orientierte Kinder. Warum dies bei einer so ausgeprägten Eigenart der Antragsgegnerin anders sein sollte, ist nicht nachvollziehbar. Auch wenn die Tochter sich nicht aktiv (lesbisch Anmerk. der Verf.) entwickeln würde, würde sie jedenfalls allein durch die Beziehung der Mutter ein so negatives Bild vom Vater und Mann kontinuierlich und subkutan erhalten, daß dies die Persönlichkeit negativ prägen würde.« (zit. in: Streib 1991, 208)

Erstaunlicherweise wird immer noch die Auffassung vertreten, Kinder würden in ihren Fähig- und Fertigkeiten, sowie in ihrer Meinungsbildung primär innerhalb ihrer Familie geprägt. Mehrere Untersuchungen widerlegen diese Annahme. Der heutige wissenschaftliche Erkenntnisstand läßt die Aussage zu: Kinder mit homosexuellen Eltern sind weder in ihrer Geschlechtsrollenidentität verunsichert, noch entwickeln sie per se eine homosexuelle Entwicklung.

Eine positive Ausnahme von der Regel soll im folgenden noch genannt werden. Im November 1984 entschied das Amtsgericht Mettmann, einer sich offen als Lesbe bekennenden Mutter, die mit ihrer Partnerin zusammenlebte, das Sorgerecht für ihr Kind zu übertragen, gerade weil dies dem Wohl des Kindes diene: »[...] das Gericht ist entgegen der Ansicht des Antragsgegners der Auffassung, daß die gleichgeschlechtliche Veranlagung eines Elternteils und die Tatsache, daß dieser Elternteil mit seinem gleichgeschlechtlichen Lebensgefährten zusammenlebt, für sich allein diesen Elternteil nicht als Sorgerechtsinhaber disqualifiziert. Eine solche mit Blick auf das Kindeswohl zutreffende Aussage wäre nur dann gerechtfertigt, wenn die gleichgeschlechtliche Veranlagung eines Elternteils einen Mangel an persönlicher, erzieherischer oder allgemeiner sozialer Qualifikation darstellen würde. Eine derartige Qualifikation läßt sich aber nach dem heutigen Erkenntnisstand der Sexualwissenschaft aus der homosexuellen oder heterosexuellen Orientierung eines Menschen nicht herleiten. Vielmehr haben eine Reihe von Forschern bei homosexuell orientierten Frauen wie Männern z.T. sogar geringere Werte für Neurotizismus und ein höheres Maß interpersonaler, pädagogischer und sozialer Kompetenzen festgestellt (vgl. z.B. Bell und Weinberg, *Der Kinsey-Institut-Report über weibliche und männliche Homosexualität*, München 1978).

Das mit Blick auf das Kindeswohl entscheidende Kriterium kann daher nicht die sexuelle Orientierung des Elternteils sein, sondern allein die Beurteilung der Gesamtpersönlichkeit des Elternteils sowie die Beziehung des Kindes zu diesem Elternteil und dessen Lebenspartner. In diesem Zusammenhang läßt sich im vorliegenden Fall feststellen, daß die Mutter sich jetzt – wie schon in der Vergangenheit – auch nach außen hin zu ihrer gleichgeschlechtlichen Veranlagung bekennt und dazu steht. Die Beziehung zu ihrer Lebensgefährtin hat sich seit April dieses Jahres als tragbar erwiesen. Beide Frauen betreuen das Kind anstandslos in wechselseitiger Abstimmung.

Der Minderjährige hat, was auch aus dem Jugendamtsbericht deutlich wird, eine gute emotionale Beziehung zu beiden Frauen. Aufgrund der Normalität, in der die Mutter und deren Lebensgefährtin ihre Lebensgemeinschaft unterhalten und dem Kind vorleben, steht nicht zu befürchten, daß das Kind in eine Außenseiterrolle gedrängt wird.

Dahingehende Befürchtungen hat der Antragsgegner zwar geäußert, aber nicht näher konkretisieren können. Aus der Bescheinigung der Kindertagesstätte, die X seit Ende Oktober besucht, ergeben sich keine nach außen hin erkennbaren Besonderheiten. Das Kind macht einen aufgeschlossenen und fröhlichen Eindruck und ist aufnahmebereit, lernbereit und wirkt sehr ausgeglichen.« (FamRZ 85, 529)

Wie dieses Urteil im Vergleich zu den vorangehenden Beispielen zeigt, sind die Erfolgsaussichten eines Sorgerechtsantrags für homosexuelle Eltern sehr stark davon abhängig, inwieweit das Gericht und die zuständigen Gutachter Verständnis für lesbisch-schwule Lebensweisen aufbringen. Hilfreich können wissenschaftliche Untersuchungen sein, die belegen, daß Kinder in homosexuellen Familien die gleichen Entwicklungschancen haben wie Kinder mit heterosexuellen Eltern.

Sollte es zu einem Sorgerechtsstreit kommen, in dem die lesbische Lebensweise thematisiert wird, ist es ratsam, sich mit einer kompetenten Rechtsanwältin zu besprechen (Adressen im Anhang, S. 157). Die Mütter müssen sich darauf einstellen, daß ihrer Lebensweise viele Vorurteile und Vorbehalte entgegengebracht werden. Einige ziehen es deswegen vor, ihr Lesbischsein zu leugnen. Inwieweit das die geeignete Strategie ist, kann nur jede Frau für sich entscheiden, weil die Geheimniskrämerei nicht nur für die Beziehung sondern auch für die Kinder sehr belastend sein kann. Wie immer Frauen sich verhalten mögen – die Entscheidung über die Erteilung des Sorgerechts muß ihnen wie ein Roulettspiel vorkommen, in dem sie vor allem Chancen haben zu verlieren.

Noch weniger Aussichten, das Sorgerecht für ihre Kinder zu bekommen, haben schwule Väter – außer das Kindeswohl ist durch die Mutter gefährdet. In Hamburg wurde 1988 einem schwulen Vater das alleinige Sorgerecht für seine drei Kinder zugesprochen, weil die Mutter aufgrund ihrer Alkoholkrankheit für die Kinder nicht sorgen konnte.

Im allgemeinen sind schwule Väter eher in Umgangsregelungsverfahren verwickelt, weil ihre Ex-Frauen nach einer Trennung oftmals den Kontakt zu den Kindern unterbinden wollen. Auch in Umgangsregelungsverfahren wird dann die gleichgeschlechtliche Lebensweise zum zentralen Thema sowie der Gedanke, wie das Kind vor der homosexuellen Lebensweise zu schützen sei. Nicht selten werden deswegen Umgangsregelungen mit diversen Auflagen versehen, die gewährleisten sollen, daß dem Kind die Homosexualität des zu besuchenden Elternteils verborgen bleibt. Ist das Kind zu Besuch, darf die Beziehung nicht ausgelebt werden und die Kontakte zum gleichgeschlechtlichen Partner müssen eingeschränkt werden.

Schwulen wird in solchen Verfahren oftmals unterstellt, sie wären pädophil veranlagt, frönten der »Knabenliebe« und würden Jungen sexuell mißbrauchen. Niemand würde jedoch wagen, den Umkehrschluß daraus zu ziehen und heterosexuelle Männer ohne konkrete Anhaltspunkte des Mißbrauchs an ihrer Tochter oder Stieftochter zu verdächtigen. Es hat – ganz im Gegenteil – den Anschein, daß Kinder in einem Haushalt mit gleichgeschlechtlichen Eltern vor sexuellen Übergriffen besonders sicher sind. Von allen Tätern, die in der BRD Kinder sexuell belästigen, sind ca. 95% heterosexuelle Männer (überwiegend aus dem Verwandtenkreis) und ca. 90% der Opfer sind Mädchen (Brockhaus/Kolshorn 1993).

Alleinerziehende Lesben und Schwule

Kinder großzuziehen ist keine leichte Aufgabe. Alleine davorzustehen, macht es bestimmt nicht leichter. Viele alleinerziehende Lesben und Schwule haben ein Leben in einer traditionellen Mutter-Vater-Kind-Familie hinter sich und müssen ihr Leben und das ihrer Kinder völlig neu organisieren, angefangen von der Kinderbetreuung über die Berufstätigkeit bis hin zur finanziellen Absicherung. Dabei sind sie häufig auf die Unterstützung aus dem Freundeskreis oder von seiten der Familie angewiesen. Um eigene Bedürfnisse zu befriedigen, bleibt oft wenig Raum. So erging es auch Dorothey: »Irgendwie hatte ich gar keine Zeit mehr. Ich war berufstätig, mußte den ganzen Tag arbeiten und mich danach noch um die Kinder kümmern. Da blieb keine Zeit für mich. Und für das, was in mir vorging, war kein Platz mehr.«

Unter der Last der allein zu tragenden Verantwortung stellt sich bei den Betroffenen oft das Gefühl von Unsicherheit, Einsamkeit und Isolation ein, zumal dann, wenn altvertraute soziale Bindungen verlorengehen, wenn Bekannte sich zurückziehen oder keine Vertrauensperson in der Nähe ist, bei der man sein Herz ausschütten kann.

Ein Hingezogensein zum gleichen Geschlecht führt nicht unmittelbar dazu, die Gefühle auch auszuleben bzw. ausleben zu können. Erst wenn ein persönliches Coming-Out gelungen ist, besteht auch die Möglichkeit Kontakte zu knüpfen, um Anschluß an andere Lesben und Schwule zu finden. Gerade eine Elternschaft verhindert oftmals, daß Lesben und Schwule auch als potentielle PartnerInnen wahrgenommen werden, so liegt die Initiative bei den lesbisch-schwulen Eltern. Adelaide: »Es war ein sehr langer und schmerzhafter Prozeß, aber ich mußte weiter machen. Ich hatte mich von meinem Mann getrennt und hörte nicht auf, an mein Lesbischsein zu glauben. Ich fühlte, daß es genau das war, was ich wollte, und irgendwo mußten auch die Frauen sein, die so fühlten wie ich.«

Kinder können dabei natürlich ein Hindernis darstellen. Kinder verlangen einfach Aufmerksamkeit, Zuwendung und Rücksichtsnahme. Dadurch bleibt wenig eigene Zeit und persönlicher Freiraum für die Eltern. In diesen Situationen kann leicht das Gefühl auftreten, das einem alles über den Kopf wächst. Adelaide gelangte irgendwann zu dem Punkt, wo sie ihre Mutterschaft am liebsten »verleugnet hätte, weil ich selbst nicht damit zurecht kam. Ich hatte wenig Einkommen und viel Streß. Mütter sind durch ihre Kinder gestreßt, und ich hatte niemanden, mit dem ich mich hätte aussprechen können. Ich war total isoliert, und das führte dazu, daß ich sehr wütend auf meine Mutterschaft wurde. Aber ich mußte sie akzeptieren. Die Kinder waren meine Entscheidung, also hatte ich für sie auch die Verantwortung zu tragen.«

Manche Lesben und Schwule, die sich aus verschiedenen Gründen auf ein Leben ohne Kinder eingerichtet haben, gehen Homosexuellen mit Kindern bewußt aus dem Weg. Sie wollen sich nicht vereinnahmen lassen oder gar Verantwortung für »fremde« Kinder übernehmen. Auch deshalb ist es für Alleinerziehende oft schwer, einen neuen Partner oder eine neue Partnerin zu finden. Maren beispielsweise versuchte immer wieder, feste Beziehungen einzugehen. Ihrer Meinung nach ist sie jedesmal daran gescheitert, daß die Frauen »das Konzept einer Mutterschaft nicht verstehen konnten und auch nie bereit waren, Verantwortung zu übernehmen.«

Alleinerziehende Lesben und Schwule lehnen deshalb oft von vornherein eine feste Beziehung ab. Sie wollen sich nicht binden, weil sie Eifersucht und Machtgerangel fürchten. Manche, wie Maren etwa, entschließen sich, mit einer neuen Beziehung zu warten, bis die Kinder aus dem Haus sind: »Mit der letzten Beziehung hatte ich das Gefühl, als hätte ich zwei Kinder. Einfach schrecklich dieser Streß, und nur Eifersucht. Unmöglich, da bleib' ich doch mit meinem Kind lieber alleine. Wenn Enzo dann das Haus verläßt und niemand mehr von mir abhängig ist, dann habe ich auch Zeit für eine Liebe.«

Für lesbische oder schwule Singles, die ihre Sexualität nicht offen ausleben, erfüllt ein Kind oft auch Alibifunktion. Kein Mensch kommt in diesem Fall auf die Idee, daß der oder die Betreffende homosexuell sein könnte. Das Alleinerziehen sichert ihnen eine gewisse gesellschaftliche Akzeptanz und bietet ein festes Rollenschema. So entwickeln diese Lesben und Schwulen eine Form der Selbstdarstellung, die andere bewußt im unklaren läßt: »Hier in der Nachbarschaft müssen die das doch nicht wissen. Ich habe auch Angst vor Diskriminierungen, und da stellt es sich natürlich als Vorteil heraus, daß ich verheiratet war und Kinder habe. Wer kommt da schon auf die Idee, daß ich schwul sein könnte?«, so Uwe, der nach der Trennung von seiner Frau die Kinder alleine betreut.

Auch wenn zwei Frauen mit Kindern zusammenleben, ist dies in vielen Fällen kein Anlaß zum Coming-Out. Die Partnerin gilt dann als gute Freundin, die der alleinerziehenden Mutter hilft.

Ähnliche Probleme tauchen natürlich auch bei Familien mit homosexuellen Eltern auf, die das Kind von Anfang an als ihr gemeinsames ansahen. Bei lesbischen oder schwulen Paaren kann es genauso wie bei heterosexuellen Paaren nach der Geburt eines Kindes zur Trennung kommen. In diesem Fall übernimmt meistens die biologische Mutter die Erziehungsverantwortung. Sie muß von nun an auch alleine für die finanzielle Absicherung des Kindes sorgen. Zynisch können wir hier davon sprechen, daß sich die soziale Mutter wie ein nichtehelicher Vater verhält. Nur die Konsequenzen sehen anders aus: Der nichteheliche Vater ist verpflichtet, einen Unterhalt zu zahlen. Die Ex-Partnerin der biologischen Mutter kann sich der Verantwortung jedoch entziehen. Vor diese Situation wurde Alexandra gestellt: »Wenn meine Eltern mich nicht emotional und auch finanziell unterstützt hätten, ich weiß nicht, was aus mir und dem Kind geworden wäre.«

Alleinerziehende Elternschaft muß aber nicht nur eine Sache persönlicher Schicksale oder Umstände sein. Es existieren auch bewußte Entscheidungen für eine alleinverantwortliche Elternschaft. Menschen, die gerne mit Kindern zusammen sind, aber keine enge Partnerschaft eingehen wollen, wählen für sich ganz bewußt diesen Weg. Aber ohne eine gewisse Unterstützung durch den Freundeskreis oder von seiten der Familie würden sich die wenigsten auf das Abenteuer »Single Parent« einlassen. Vita: »Ich habe mir immer ein Kind gewünscht und wollte mir das Recht auf ein Kind auch nicht nehmen lassen, nur weil ich nicht mit einem Mann zusammen bin. Deswegen habe ich mich zu einer Insemination entschlossen. Ich wollte mein Kind gerne alleine aufziehen. Dabei habe ich mir aber immer vorgestellt, mit mehreren Frauen und deren Kindern zusammenzuleben. Wir hätten uns dann die Arbeit und die Verantwortung für die Kinder teilen können.«

Von der Partnerschaft zur Elternschaft

Die meisten Lesben und Schwule, die mit ihren Kindern zusammenleben, haben vorher in einer heterosexuellen Beziehung gelebt. Aus dieser Zeit stammen auch die Kinder. Nach der Trennung gehen die wenigsten sofort eine lesbisch-schwule Beziehung ein. Und selbst wenn sie dies wollten, stoßen sie häufig auf Schwierigkeiten, denn Kinder sind in der »Szene« eher die Ausnahme und stellen mögliche Partnerinnen und Partner vor eine ungewohnte Situation.

Einige Homosexuelle erleben es als problematisch, wenn sie sich in eine alleinerziehende Mutter bzw. einen alleinerziehenden Vater verlieben. Sie haben das Gefühl, das Kind notgedrungen mit in Kauf nehmen zu müssen, und sehen sich unvermittelt mit der Tatsache konfrontiert, daß sich ihre emotionalen Erwartungen, die sie an ihre Partnerin bzw. ihren Partner stellen, nicht erfüllen. Alle Zuwendung muß mit dem Kind geteilt werden. Gerade zu Beginn einer Partnerschaft führt dies häufig zu schwerwiegenden Konflikten, da kaum Freiraum für ungeteilte, sprich: ungestörte Zweisamkeit bleibt – die Voraussetzung dafür, daß sich die Beziehung entwickeln und festigen kann. Als sich Charlotte in Rita verliebte, wurde sie mit der Tatsache konfrontiert, daß diese ein Kind hatte. Sie war über beide Ohren verliebt und hatte das Gefühl, »eigentlich konnte ich mich nicht für oder gegen das Kind entscheiden. Ich war in Charlotte verliebt und mußte ihr Kind mit in Kauf nehmen.«

Eine andere Interviewpartnerin schildert diese Situation ebenfalls recht drastisch: »Wir waren halt am Anfang unserer Beziehung, und ich hatte mir das nicht so vorgestellt, daß ich jetzt auch noch ein Kind habe. Die ersten Monate liefen ziemlich beschissen. Das Kind hat auch furchtbar geblockt, wenn es merkte, daß wir irgendetwas ohne es machen wollten. Es hat totalen Terror gemacht. Da gab es ziemlich üble Szenen.«

Manche »neue Liebe« reagiert auch eifersüchtig, wenn sie glaubt, dem Kind werde mehr Liebe, Zuwendung und Aufmerksamkeit als ihr entgegengebracht. Oft besteht zwischen Mutter und Kind eine besondere Verbundenheit, mit der sich die zukünftige Partnerin auseinandersetzen muß. Alice erinnert sich: »Im ersten Jahr war ich furchtbar eifersüchtig auf das Kind. Es war jemand da, mit dem ich Gertrude teilen mußte. Rational war mir klar, daß das ein ganz anderer Bereich ist. Und eigentlich kamen wir uns auch nicht in die Quere. Aber irgendwie kam mir das immer so vor.«

Wer vorher nie Kinder wollte oder keine hat, dem fehlt auch meist die Erfahrung, wie man mit ihnen umgeht. Eine neue Partnerschaft ist in dieser Hinsicht wie ein Sprung ins kalte Wasser, vor allem dann, wenn das Kind die neue Freundin der Mutter mißtrauisch beäugt. Damit in dieser Situation die Beziehung nicht gleich in die Brüche geht, müssen die Erwachsenen sich nicht nur verstehen, sondern auch klären, wie sie als Paar mit dem Kind umgehen wollen und umgekehrt das Kind mit ihnen als Paar zurechtkommen kann. Beide Partnerinnen müssen erst lernen, sich aufeinander einzustellen und die beiden Beziehungsebenen (Paar-und Elternebene) mit dem Kind auszuhandeln. Gelingt das nicht, setzen sich unterschwellig Aggressionen fest. Alice z.B. hat diese Erfahrung gemacht: »Wenn es Auseinandersetzungen gab, ergriff Gertrude immer Mischas Partei. Für mich war völlig klar, daß sie immer auf der Seite ihres Sohnes stand.«

Leibliche Eltern geraten leicht in Loyalitätskonflikte, wenn sie ihr Kind schützen und gleichzeitig eine Beziehung aufbauen wollen. Dadurch schaffen sie es oftmals nicht, sich eindeutig auf die Seite der Partnerin zu stellen. Hella sagt zu diesem Dilemma: »Ich liebe Cornelia, aber ich liebe meine Tochter mehr. Ich denke, Cornelia ist ein erwachsener Mensch, meine Tochter aber ist klein und braucht mich mehr.«

In solchen Fällen fühlt sich die Mutter des Kindes häufig einer Zerreißprobe ausgesetzt: »Links steht jemand, und rechts steht jemand, und ich muß alles aufteilen. Meine Küsse, meine Liebe, meine Wärme. Also, ich glaube das kann nur in einem Fiasko enden. Links und rechts zieht einer, und mich sieht keiner.« Deutlicher als Vita kann man das Gefühl der Zerrissenheit nicht ausdrücken. An ihrer Aussage wird exemplarisch deutlich, wie schwierig es ist, wenn die Partnerin der Mutter diese nicht mit dem Kind »teilen« kann, sondern mit dem Kind um die Liebe der Mutter konkurriert. Alice denkt deshalb nicht so gerne an den Beginn ihrer Liebesgeschichte zurück. Es gab oft Auseinandersetzungen zwischen ihr und dem Kind, in die die Mutter jedesmal schlichtend eingriff, bis es ihr, wie Alice sagt, »gestunken hat. Sie meinte: ›Seht zu, wie ihr da rauskommt.‹ Inzwischen können der Kleine und ich sehr gut miteinander. Wir haben gleiche Interessen, und manchmal ist sogar seine Mutter außen vor. Sicher gibt es noch Konfliktsituationen, aber eifersüchtig bin ich nicht mehr.«

Ist die alltägliche Gratwanderung zwischen Paar- und Elternebene durchlaufen, kann ein stabiler Familienverband entstehen, in dem die Partner eine eigenständige Beziehung zum Kind aufbauen. Rolf hat es so für sich erlebt: »Zuerst wollte ich mich auf die Kinder gar nicht einlassen, aber der Vater gefiel mir so gut. Und schon wegen der Kinder konnten wir uns immer nur bei ihm zu Hause treffen. Dadurch war ich schnell in ihrem Familienalltag drin. Aber es hat mich auch genervt. Immer waren die Kinder um uns rum. Erst wenn sie schliefen hatten wir Zeit für uns. Und mal weggehen? Gar nicht dran zu denken. Inzwischen habe ich aber gemerkt, es gibt noch andere Dinge als abends ständig unterwegs zu sein.«

Von Alleinerziehenden wird in dieser Gesellschaft jedoch auch erwartet, daß sie sich in jeder Situation als »gute Mütter« bzw. Väter erweisen und die Interessen des Kindes über ihre eigenen stellen. Viele Eltern stellen eher sich selbst als diesen Anspruch in Frage und bezahlen ihr Vergnügen mit einem schlechten Gewissen oder verzichten gleich ganz darauf. Denn, so das gängige Rollenklischee, wenn Eltern eigenen Interessen nachgehen, verstoßen sie zwangsläufig gegen die Interessen des Kindes. Um sich diesem Vorwurf nicht auszusetzen, werden manche zu »Glucken«, die ihr Kind nicht mehr loslassen können. Eine neue PartnerIn hat es in einer solchen Situation nicht leicht. Diese Erfahrung machten auch Hella und Cornelia: »Meine Tochter Rachel konnte Cornelia nie etwas recht machen. Und das hat mich zur Weißglut gebracht. Manchmal dachte ich, ich müßte meine Tochter vor Cornelia beschützen. Cornelia war die böse Hexe und ich die gute Mutter. Und dazwischen das arme, arme Kind«. Doch inzwischen hat Hella gemerkt, »daß es besser ist, die beiden in Ruhe zu lassen und mehr runterzuschlucken. Cornelia ist eben anders als ich, und Rachel scheint sich darauf einstellen zu können. Es klappt jedenfalls viel besser, seitdem ich mich nicht mehr einmische.«

Schwierig wird es natürlich, wenn die leiblichen Eltern überhaupt nicht bereit sind, die Verantwortung zu teilen bzw. Entscheidungen in bezug auf die Kinder mit ihren LebensgefährtInnen gemeinsam zu fällen. Der PartnerIn bleibt dann wohl oder übel nichts anderes übrig, als sich damit abzufinden, daß sie nichts zu sagen hat.

Schwule Väter, die mit ihren Kindern zusammenleben, haben oftmals jedoch weniger Probleme als lesbische Mütter, Verantwortung abzugeben und ihre Kinder loszulassen. Viele Schwule erwarten von ihrem Partner, daß er sie entlastet und fürchten keineswegs, daß ihnen Kompetenzen entzogen würden. Den gesellschaftlichen Ansprüchen, die an einen guten Vater gestellt werden, genügen sie allemal. Jeder Mann, der ohne eine Frau an seiner Seite Kinder großzieht, erhält in unserer Gesellschaft von vorneherein einen Bonus. Väter, die ihre Kinder wirklich betreuen, können eigentlich nichts verkehrt machen und es sich erlauben, andere mit einzubeziehen und dieses Arrangement auch noch zu genießen wie z.B. Gunna: »Ich finde es ganz super, wenn Rolf mal alleine etwas mit den Kindern unternimmt. Dann habe ich Zeit nur für mich und kann völlig abschalten.«

Bringen beide Partner Kinder mit in die Beziehung, müssen diese sich erst zusammenraufen. Oft stoßen in einer solchen Situation verschiedene Lebensstile, Regeln und Gewohnheiten des Zusammenlebens aufeinander. Es ist enorm schwierig, sofort, ohne Gewöhnungsphase, als Familiengemeinschaft zusammenleben zu wollen. Die Partner sollten sich und den Kindern genügend Zeit lassen, sich auf eine entspannte Art besser kennen und verstehen zu lernen, so wie auch Ruth und Ali es mit ihren insgesamt sieben Kindern versucht haben: »Manchmal gingen wir alle in den Park oder ins Kino, einfach, um eine Freundschaft aufzubauen. Es sind ja so viele Kinder, die integriert werden müssen. Und ich denke, wir haben gute Arbeit geleistet. Über ein Jahr lang sind wir zwischen unseren Wohnungen hin- und hergependelt, dann waren die Kinder soweit zu sagen, daß sie zusammenleben wollten. Sie hatten sich schon so aneinander gewöhnt, daß das kein großer Schritt mehr war.«

Auch die Erwachsenen müssen ihre Position klären. Bei Auseinandersetzungen kann es schnell passieren, daß eine Mutter ihre Kinder vor der anderen Mutter in Schutz nimmt. Häufig entwickeln sich daraus Rollenkonflikte: »Wir versuchen gerade, innerhalb der Familie unseren Platz zu finden. Die Kinder möchten, daß wir ihre Freundinnen sind und keine Elternfiguren, aber ich kann nicht eine Freundin für die beiden Kinder von Ruth sein und für meine die Mutter. Das geht nicht, weil jeder hier die gleiche

Rolle hat und den gleichen Job. Wir funktionieren wie eine Familie, und die Leute sollen wissen, daß wir beide die Eltern sind. Wir sind an der Spitze, und dann kommen die Kinder. Das ist eine Machtfrage, aber weil wir so viele sind, kann es nur so funktionieren, und die meiste Zeit klappt es auch ganz gut.« (Ali)

Probleme bei der Neuorganisation des Familienlebens wird es immer geben. Man sollte sich frühzeitig wappnen und Lösungsmöglichkeiten erörtern, um sich schrittweise auf ein gemeinsames Ganzes hinzubewegen. Gelingt dies nicht, ist eine Trennung, wie bei Adelaide und Ami, vorprogrammiert. »Wir waren so verliebt und haben zuerst nicht so sehr an die Kinder gedacht. Es gab keine klaren Absprachen, wie wir uns den Kindern gegenüber verhalten wollten. Ich war immer viel lockerer den Kindern gegenüber als Ami. Bemuttert haben wir sie beide, aber ich war viel nachsichtiger, und deswegen gab es auch oft Auseinandersetzungen zwischen uns beiden. Speziell dann, wenn es um meine Tochter ging. Daran ist dann auch unsere Beziehung zerbrochen. Nicht, weil wir uns nicht mehr liebten, sondern weil unsere Erziehungsvorstellungen so verschieden waren und ich immer das Gefühl hatte, meine Tochter verteidigen zu müssen. Ich denke, daß es ein großes Versäumnis war, die Erziehungsmethoden nicht vorher abgeklärt zu haben. Wir hätten uns viele Schmerzen erspart.«

Gemeinsame Kinder

Es ist auffällig, daß bei Paaren mit gemeinsamem Kinderwunsch Homosexualität ein wichtiger Bestandteil ihres Lebens darstellt und dies auch nach außen sichtbar gemacht wird. Sie müssen sich nicht mehr mit den Unsicherheiten, die ein Coming-Out mit sich bringt, herumschlagen. Im

Gegenteil, ganz selbstbewußt und bewußt möchten sie innerhalb ihrer Beziehung ein Kind großziehen. Fast alle Paare, die sich gemeinsam für ein Kind entscheiden, haben jahrelange Diskussionen hinter sich und setzen sich viel bewußter als neu hinzukommende Partner mit den Problemen einer Elternschaft auseinander. Die Erfüllung eines Kinderwunsches erfordert genaue Planung, so daß vieles, was in den oben genannten Fällen Konfliktpotential birgt, bereits im Vorfeld abgeklärt wird, seien es Rechte und Pflichten bezüglich der Betreuung oder die Entscheidung darüber, wer weiter berufstätig sein wird. Anders als Paare, die bereits wenn sie sich kennenlernen eines oder mehrere Kinder in ihre Beziehung integrieren müssen und wenig Zeit füreinander finden, haben langjährige FreundInnen sich meist »schon lange vorher ausgetobt« und die Gelegenheit gehabt, zu zweit eine stabile Paarbeziehung zu entwickeln. »Seit über 15 Jahren sind wir jetzt ein Paar, und wir haben die kinderlose Zeit in vollen Zügen genossen. Aber nach 13 Jahren waren wir dann auch soweit, ein Kind zu bemuttern. Wir haben nicht das Gefühl, daß unsere Freiräume dadurch beschnitten werden«, meint Louise.

Entscheiden sich Lesben für ein gemeinsames Kind, muß im Vorfeld abgeklärt werden, ob die Erfüllung über Pflegschaft, Adoption oder eine eigene Schwangerschaft realisiert werden soll. Fällt die Wahl auf die Möglichkeit einer Schwangerschaft, kann es bei lesbischen Paaren leicht zu einer Konkurrenzsituation kommen, da schließlich beide Frauen eine biologische Mutterschaft übernehmen könnten. Es kommt auch vor, daß beide schwanger werden und sich auf einen gemeinsamen Zeitpunkt für die Geburt einrichten, was keine leichte organisatorische Aufgabe darstellt. Sind die Kinder erst da, wird die Bewältigung des Alltags zu einer zentralen Aufgabe innerhalb der Paarbeziehung. Der Alltag der Eltern wird durch die Bedürfnisse des Kindes bestimmt. Die Spontaneität bleibt auf der Strecke, und das Ungestörtsein zu zweit existiert bei Kleinkindern nicht einmal mehr nachts. Leonnie schildert ihre Erfahrungen, als die Zwillinge noch Babies waren: »Die ersten Monate mit den Zwillingen waren ein Fulltimejob. Wenn Tamsin von der Arbeit kam, war ich manchmal nur noch ein Wrack. Oft kam ich nicht mal dazu, meinen Tee zu trinken, solange er heiß war. Und nun können sie laufen und finden von alleine den Weg zu unserem Bett. Ist es nicht Kevin, dann ist es Patrick, der sich zwischen uns breit macht.«

Da biologische Mütter ihre Kinder in den meisten Fällen während der ersten Monate stillen, kann dadurch ein unterschiedliches Nähe- und Distanzverhältnis zum Kind entstehen. Stillen stellt eine symbiotische Form der Mutter-Kind-Beziehung dar, in der die Mutter sowohl Gebende als auch Nehmende ist. In ihrer Beziehung zum Kind kann sie sich so verausgaben, daß für die Partnerin nur noch wenig oder fast gar nichts an emotionaler Energie übrigbleibt.

Die Partnerin wird zur Randfigur, fühlt sich ausgeschlossen und hat das Gefühl, nur schwer Zugang zum Kind zu finden. So ging es auch Liz, die spürte, daß sie zu ihrer »Tochter« nicht dieselbe Beziehung entwickelte » wie jemand, der sie neun Monate getragen und dann über ein Jahr gestillt hat. Mutter und Tochter hatten eine sehr, sehr enge körperliche Beziehung, und dadurch habe ich mich manchmal sehr einsam gefühlt. Das geht mir heute noch so. Inzwischen verstehe ich auch die Väter besser, die in meinen Augen immer egoistisch und kindisch waren wegen ihrer Eifersucht auf das Kind. Aber heute kann ich sie verstehen, denn wenn du ein Kind hast, geht auch ein Teil deiner Beziehung verloren.«

Daß die Biologie eine große Rolle spielt, zeigt sich auch bei der Verantwortungsübernahme für das Kind. Liz: »Letztendlich, denke ich, sollte die biologische Mutter entscheiden. Sie ist es, die sich das Kind am meisten gewünscht hat, und sie fühlt sich als ein Teil von ihr.«

Ist ein Pflege- oder Adoptivkind im Haus, stehen eher organisatorische Probleme im Vordergrund. Es muß wie in jeder Familie ausgehandelt werden, wer wann das Kind betreut. Insbesondere bei Kleinkindern ist es kaum zu umgehen, daß eine Person zu Hause bleibt. Unter Umständen sind die Kinder dann so stark auf sie fixiert, daß die berufstätige Partnerin – wie im Falle Sylvias – Schwierigkeiten hat, überhaupt eine Beziehung zu ihrem Kind aufzubauen: »In den ersten Monaten war ich ziemlich verzweifelt, weil die Kleine nur auf Marina fixiert war. Manchmal hatte ich das Gefühl, ich würde nie an sie herankommen, und wenn sie weinte, habe ich sie Marina sofort in die Arme gelegt. Ich war hilflos in dieser Situation, und bei Marina hat sie sich auch immer gleich beruhigt.«

In dieser Situation ist es hilfreich, wenn ein Tag pro Woche gänzlich für das Kind reserviert wird. Liz hatte mit diesem Arrangement Erfolg: »Durch meinen Fulltime-Job habe ich nicht soviel Zeit für die Kleine. Aber freitags habe ich frei. Das ist der Tag, den ich für Rika habe, an dem ich alles aufholen kann, was ich während der Woche zwangsläufig vernachlässigen muß. Louise zieht sich dann immer zurück. So versuchen wir, wenn irgend möglich, die Mutterschaft zu teilen.«

Das Rollenverhalten in einer Familie mit gleichgeschlechtlichen Eltern

In einer gleichgeschlechtlichen Beziehung ist die Verteilung von Aufgaben und Rollen nicht durch gesellschaftliche Bedeutungsmuster vorgegeben. Zeitschriften, Selbsthilfebücher, Kurse und Fernsehsendungen, die heterosexuellen Paaren zahlreich zur Verfügung stehen, und die Lektionen darüber erteilen, wie eine Partnerschaft im Alltag gehandhabt werden kann, bieten im allgemeinen keine Unterstützung für homosexuelle Paare. Aber gerade darin liegt auch die Freiheit und die Chance, eigene Vorstellungen einer Elternschaft auszuleben.

Noch Mitte der 60er Jahre war es nicht so ungewöhnlich, wenn Lesben Rollenmuster vom »kessen Vater« und dem »Weibchen« innerhalb ihrer Beziehung auslebten. Das Modell der heterosexuellen Rollenverteilung wurde unhinterfragt übernommen. Heutzutage werden diese stereotypen Verhaltensmuster eher abgelehnt. Sarah spricht es deutlich aus: »Ich bin mit Frauen zusammen, weil es eine Frau und kein Mann sein soll. Und weder sie, noch ich übernehmen die Männerrolle. Ich möchte auch keine Frau haben, die den Mann spielt. Natürlich kann ich mich wehren und auch durchsetzen, deswegen übernehme ich aber noch lange nicht den männlichen Part.«

Lesben und Schwule tendieren zu Rollenverschiebung und Flexibilität. Ihre Identität bietet ihnen die Möglichkeit, festgesetzte Rollenzuweisungen aufzuweichen und mal eher feminin, mal maskulin zu reagieren. Innerhalb einer Beziehung bedeutet dies aber auch ein tägliches Aushandeln und Ausprobieren. Ali schildert, wie sie und ihre Freundin am Anfang ihrer Beziehung noch versucht haben, alles gemeinsam zu erledigen: »Ganz schnell haben wir aber gemerkt, daß viel zu viel Zeit draufging und es außerdem Dinge gab, die ich haßte und die Ruth wiederum gerne machte. Inzwischen haben wir eine bestimmte Arbeitsteilung entwickelt. Da Einkaufen keine von uns mag, erledigen wir das zusammen.«

Nicht alle Lesben und Schwulen sind bereit auch Versorgungsaufgaben zu übernehmen. Speziell in gemischt-ethnischen Beziehungen treffen zwei Welten aufeinander. So erzählt eine Deutsche, die mit einer Südamerikanerin zusammen ist, daß ihre Freundin sich jahrelang weigerte, irgendwelche Aufgaben im Haushalt und in der Kinderbetreuung zu übernehmen. Als südamerikanische frauenliebende Frau, hatte sie sich mit dem südamerikanischen Macho identifiziert, der Kindererziehung und Haushalt in die Hände seiner Frau legt. Anfangsschwierigkeiten waren so vorprogrammiert. Vita wollte nicht »das Heimchen am Herd sein und ständig für Geborgenheit und Wärme sorgen«. Eine zeitlang versuchten sie es mit strikter Arbeitsteilung, stießen aber immer wieder an ihre Grenzen.

In solchen Situationen müssen individuelle Lösungen entworfen werden, in denen mit Rollenzuweisungen experimentiert werden kann. Werden die Rollen aufgebrochen, bietet sich die Chance, ungewohnte Verhaltensweisen zu leben und sich neu wahrzunehmen. Schrittweise können so partnerschaftliche Beziehungsstrukturen entstehen. Vitas Freundin, die dem Kind anfangs nicht einmal die Schuhe zubinden wollte, schiebt jetzt auch den Buggy der Kleinen durch die Gegend. Vita sagt dazu: »Es haben sich so viele Sachen verändert, weil sie auch positive Erfahrungen gemacht hat. Niemand hat komisch geguckt, wenn sie den Buggy schob, und das Kind freut sich immer, wenn sie ihr vorliest«.

Wie in allen Familien, spielt auch die Berufstätigkeit für homosexuelle Eltern eine große Rolle und bestimmt stark das Maß an Zeit, das für die Kinderbetreuung übrigbleibt. So ergibt es sich zwangsläufig, daß der Elternteil den größten Teil der Kinderbetreuung leistet, der die meiste Zeit im Haus verbringt. Aber gerade weil in vielen lesbisch-schwulen Familien eine gleichberechtigte Elternschaft angestrebt wird, verschwinden die Kinder nicht sofort im Bett, sobald der berufstätige Elternteil auf der Bildfläche erscheint. Wie Gabriele erzählt, ist das Gegenteil oft der Fall: »Sobald Sabine abends nach Hause kommt, beginnt für mich die kinderfreie Zeit. Sie ist für die Kleine da. Meistens nehmen sie zusammen ein Bad, danach kuscheln sie ein bißchen, und Sabine liest ihr etwas vor oder spielt noch mit ihr«.

Anders sieht es in Familien aus, wo die Kinder schon eine zeitlang alleine mit ihrer biologischen Mutter oder dem biologischen Vater zusammengelebt haben. Kommt eine Person hinzu, muß nicht nur die Beziehung zwischen den Erwachsenen auf der Partnerschaftsebene ausgehandelt werden, sondern auch die Beziehung zum Kind. Sich auf das bestehende Familienleben einzulassen und auch Aufgaben zu übernehmen fällt den Hinzukommenden nicht immer leicht. Hella erzählt, was ihr damals immer durch den Kopf ging: »Ich habe für mich immer gedacht: ›Du weibliches Chauvischwein. Was bildest du dir überhaupt ein. Ich bin die Mutter von zwei Kindern: berufstätige Hausfrau, Essen machen und all das muß ich unter einen Hut bringen. Und abends bin ich, bitte schön, das Liebchen. Die Kinder sind befriedigt, der Alltag ist erledigt, und jetzt betritt der Star die Bühne.‹«

Frauen mit heterosexueller Vergangenheit haben häufig die klassische Rollenverteilung kennengelernt und wollen diese nicht wiederholen. Sie kennen die Hierarchie dieser Struktur und streben jetzt eine gleichberechtigte Aufgabenteilung an. Werden alte Muster sichtbar, setzen sie sich zur Wehr.

Auch schwule Väter, die nach der Trennung mit ihren Kindern zusammenleben, akzeptieren nicht, wenn der Freund sich den Aufgaben der Kinderbetreuung entzieht. Gunna findet es unmöglich, wenn sein Freund nach Hause kommt und dann nur noch die Füße hochlegt. »Es ist so typisch. Schwule finden Kinder ja so süß, haben aber keine Lust, sich um sie zu kümmern. Ich meine nicht nur spielen, sondern auch waschen, sich um die Kleidung kümmern, Essen kochen, die Schularbeiten betreuen – eben alles, was so dranhängt.«

Insbesondere Paare, die sich gemeinsam für ein Kind entschieden haben, sind sehr bemüht, sich die sonnigen Seiten wie auch die Pflichten einer Elternschaft gleichberechtigt aufzuteilen. Sie entwickeln selten ein starres Rollenverhalten und nutzen die Möglichkeit, ihre Position ständig zu wechseln und zu verändern.

Erziehungsverhalten

Viele Lesben und Schwule, die sich für Kinder entscheiden, empfinden ihre Elternschaft als »politischen Akt«. »Erst wenn wir gemeinsam als Eltern auftreten, werden wir doch als Lesben sichtbar.« (Leonnie) Damit wird oft ein Erziehungsideal verbunden, das sich bewußt gegen die stereotypen Geschlechterrollen richtet »von wegen: Ein Mädchen macht dies, ein Junge macht das« (Leonnie), denn die meisten Lesben sind Feministinnen, die genau wissen, was es heißt, in dieser Gesellschaft ein Mädchen oder ein Junge zu sein: »Viele Eltern engen ihre Kinder aufgrund des Geschlechts ein. Furchtbar. Meine kleinen Nichten durften nicht einmal lange Hosen anziehen.« (Tamsin) Sie richten ihr Augenmerk auch auf Verwandte und Freunde, die nur zu gerne, für »die lieben Kleinen« mit rosafarbenen oder himmelblauen Stramplern in der Tür stehen. Laura empfindet das Heranwachsen des Kindes als reinen »Balanceakt«. »Kommen von der Tante Laster, weil es ein Junge ist, schenken wir Puppen. Wir sind der Meinung, daß Jungen mit Lastern spielen sollten, wenn sie Lust dazu haben. Genauso gut können sie aber auch an Puppen herangeführt werden.«

Gerade Lesben, die ihre Kinder während einer Heterobeziehung bekamen und die üblichen Rollenklischees als sehr negativ erlebt haben, legen Wert darauf, daß Jungen von klein auf lernen, Mädchen und Frauen zu respektieren, und daß Mädchen zu selbstbewußten, starken Frauen heranwachsen. Die Kinder erfahren durch das Vorbild ihrer Eltern, daß Gleichberechtigung möglich ist und daß sie nicht angepaßt leben müssen: »Durch meinen Pa habe ich gelernt, nicht einfach immer ja zu sagen, sondern meine Meinung« (Cecil).

Die Beziehungsstrukturen und Umgangsweisen in lesbisch-schwulen Familien unterscheiden sich oft stark von denen, die im allgemeinen als »normal« gelten. Lesbisch-schwule Eltern scheinen eine Generation heranzuziehen, die die Möglichkeit hat, sich wirklich zu entscheiden, ob sie bi-, homo- oder heterosexuell leben will.

Die meisten lesbisch-schwulen Eltern zeigen ihre Zuneigung zueinander auch in Gegenwart ihrer Kinder und diskutieren mit ihnen ganz offen über Sexualität, um ihnen Erfahrungen, die sie selbst machen mußten, zu ersparen. Schwule Väter nutzen nicht selten die Gelegenheit, ihre Kinder über safer-sex und die Handhabung von Kondomen aufzuklären, was im Zeitalter von Aids ein wichtiger Schutz sein kann.

Kinder begreifen ohnehin sehr schnell, welche Beziehung zwischen den Erwachsenen besteht. Stabile Liebesbeziehungen, egal ob homosexuell oder nicht, wirken sich positiv auf das Selbstwertgefühl von Kindern und Jugendlichen aus. Relevant für die Meinung, die ein Kind über Homosexualität entwickelt, ist vor allem die Art und Weise, wie die Eltern ihre sexuelle Neigung nach außen darstellen und leben. Je selbstverständlicher sie damit umgehen, desto sicherer wird sich auch ihr Kind fühlen.

Sind sich die Eltern einmal uneinig – was in den besten Familien vorkommen kann – werden Auseinandersetzungen vor den Kindern möglichst vermieden. Ruth: »Wir haben vorher abgeklärt, nicht in Gegenwart der Kinder die andere zu kritisieren, wie sie die Situation handhabt.« Auf diese Weise wird den Kindern die Möglichkeit genommen, die Eltern gegenseitig auszuspielen, und der soziale Elternteil erhält zusätzlich eine Rückenstärkung. Nicolas hat zwei Mütter und meint: »Es ist jetzt mit zwei Müttern viel besser als mit Mutter und Vater. Alles, was die damals machten, war streiten. Es war schrecklich. Meine zwei Mütter streiten nie. Klar haben sie Auseinandersetzungen, aber es wird weder geschrien noch geschlagen, sie reden darüber, auch mit mir.«

Nur wenige lesbisch-schwule Eltern reagieren, wenn sie Konflikte mit ihren Kindern haben, mit Schlägen oder Ohrfeigen. Insbesondere Lesben, die sich aus gewalttätigen Heterobeziehungen gelöst haben, achten ganz bewußt darauf, im Zusammenleben mit den Kindern jede Form von Gewaltanwendung zu vermeiden. Ali, deren Kinder miterleben mußten, wie der Vater die Mutter schlug, sagt: »Ich will nicht, daß die Jungen denken, Frauen müßten so behandelt werden bzw. jeder Konflikt könne nur mit Fäusten gelöst werden.« Lesbisch-schwule Eltern legen im Allgemeinen wenig Wert auf zu starke Autorität. Sie zeigen eher ein demokratisches Verhalten ihren Kindern gegenüber und sind bemüht, sich mit ihren Kindern immer wieder auszutauschen. Kinder können ihren Eltern manchmal ganz schön auf die Nerven gehen, aber umgekehrt empfinden Kinder es ebenso. Wird in Konfliktsituationen nur geschimpft und geschrien, kann dies kaum zu einer positiven Auseinandersetzung führen. Sagen, was einen stört, ist dabei die Devise.

Trotz dieser positiven Schlaglichter kann nicht geschlossen werden, daß lesbisch-schwule Eltern immer eine behütende, einfühlsame, demokratische und fördernde Eltern-Kind-Beziehung garantieren. Nach der Lektüre mehrerer Untersuchungsergebnisse gelangt Bozett (1989) jedoch zu der Aussage: »Homosexuelle Eltern bemühen sich stärker um ein stabiles Familienleben und eine positive Beziehung zu ihren Kindern, als es allgemein von traditionellen heterosexuellen Eltern erwartet würde.«

Positiv auf das Erziehungsverhalten wirkt sich dabei sicher aus, daß Lesben und Schwule in ihrer neuen Lebensform glücklicher und zufriedener sind, als in den vorangegangenen heterosexuellen Beziehungen.

Die Großeltern oder das zweite Coming-Out

In allen Familien, in denen Heteropaare zusammenleben, kommt früher oder später das Thema Kinder auf den Tisch. In den meisten Fällen ist eine Schwangerschaft für die zukünftigen Eltern und Großeltern ein Anlaß zum Feiern. Wenn hingegen ein lesbisches oder schwules Paar seinen Eltern eröffnet, daß ein Kind unterwegs ist, sieht die Sache oft anders aus. Die meisten Eltern, die von der Homosexualität ihrer Tochter oder ihres Sohnes wissen, gehen stillschweigend davon aus, daß Kinder in dieser Beziehung nicht vorgesehen sind. Konfrontiert mit der Tatsache, daß dem beileibe nicht so ist, kommen oft tief verwurzelte Vorurteile zum Vorschein, die von den zukünftigen Eltern erst entkräftet werden müssen: Ist ein lesbisches oder schwules Paar überhaupt in der Lage, ein Kind großzuziehen? Wird das Kind nicht einen Elternteil vermissen? Wird es später nicht Diskriminierungen ausgesetzt sein, von anderen Kindern geschnitten werden? Wie überhaupt soll der Kinderwunsch realisiert werden: per Adoption oder durch Insemination?

Gerade über die Insemination wissen die wenigsten Bescheid und fragen sich deshalb ängstlich, welche Rolle denn dabei der Erzeuger spielt, ob er bekannt oder anonym bleiben oder sein Kind kennenlernen wird.

Nur sehr offen denkende Eltern sind von vorneherein in der Lage, sich mit dem Kinderwunsch ihrer Tochter oder ihres Sohnes positiv auseinanderzusetzen. Im Extremfall regen sie sich »fürchterlich auf«, so wie Louises Mutter, »die schon mit meiner Lebensweise nicht klarkam. Sie meinte, ein Kind zu bekommen wäre sehr egoistisch. Daß ich mich für ein lesbisches Leben entschieden hätte, sei meine Sache, aber ich dürfe da kein Kind mit reinziehen«.

Um solche Situationen zu vermeiden, kann es hilfreich sein, die Eltern von Anfang an in die Diskussion über den Kinderwunsch miteinzubeziehen. Je besser sie über Pflegschaft, Adoption oder Insemination aufgeklärt werden, desto leichter können sie Vorurteile abbauen, und desto kompetenter können sie sich mit ihren Kindern auseinandersetzen. Für manche Großeltern wird es dennoch schwierig bleiben, ein adoptiertes Kind als Enkel anzunehmen, vor allem, wenn es eine andere Hautfarbe hat.

Eine völlig andere Konstellation ergibt sich, wenn die Tochter oder der Sohn über die Partnerschaft ein (Enkel-) Kind mit ins Haus bringt. Zunächst findet ein Annähern auf der erwachsenen Ebene statt, »Schwiegereltern« und »Schwiegerkinder« müssen sich erst einmal beschnuppern. Erst danach gibt es Raum, um sich auch dem Kind zu nähern. So wie Alice erzählt, hatte ihre Mutter »große Schwierigkeiten mit der Tatsache, daß ich plötzlich ein Kind hatte, das nicht mein Kind war. Das war für sie nicht ihr Enkelkind.«

Doch nicht alle Eltern reagieren so. Manche sind überglücklich, auch wenn ihr Enkel nicht mit ihnen verwandt ist. In den meisten Fällen ist es nur eine Frage der Zeit, bis sie das Enkelkind lieben lernen. In vielen Familien verpufft alle Aggression, wenn es erst einmal im Haus ist, und nicht selten werden Lesben und Schwule, die von ihren Eltern wegen ihrer sexuellen Neigung abgelehnt wurden, nach der Geburt eines Kindes wieder in die Familie integriert.

In dieser Situation können eventuell auch Geschwister helfen. Oft sind sie viel eher als die Eltern bereit, die Homosexualität ihrer Schwester oder ihres Bruders zu akzeptieren und können als Vermittler eingreifen – wie z.B. die Schwester von Madeleine: »Meine Mutter und meine

Schwester leben in England, und es ist sehr schwierig, Familienangelegenheiten zu klären, wenn man sich nicht sehen kann. Meistens mußte meine Schwester die Dinge mit meiner Mutter ausdiskutieren. Als ich dann schwanger war, habe ich erst mal meine Schwester angerufen, die dann mit meiner Mutter sprach. Das war natürlich einfacher, denn die ersten heftigen Reaktionen bekam meine Schwester ab. Als ich dann mit meiner Mutter telefonierte, hatte sie sich schon wieder beruhigt.«

Freunde und soziales Umfeld

Bei vielen Lesben und Schwulen, die sich aus ihrer heterosexuellen Vergangenheit lösen, kommt es zu gravierenden Veränderungen innerhalb des Freundes- und Bekanntenkreises. Alte Beziehungen werden teilweise bis vollständig aufgegeben oder abgebrochen, wobei es vielfach durch den Rückzug anderer geschieht. Ruth saß nach ihrer Scheidung unvermittelt erstmal alleine da: »Die gemeinsamen Freunde waren auf einmal weg. Und es war auch niemand da, mit dem ich hätte reden können – schon gar nicht über meine Gefühle zu Frauen.« Die altvertrauten sozialen Kontakte sind nicht mehr vorhanden, und gleichzeitig taucht die Schwierigkeit auf, neue zu knüpfen. Das Fehlen von Kontaktpersonen zur Unterstützung und Geselligkeit führt zur totalen Isolation. Gunna erzählt seine Erfahrungen nach der Trennung von seiner Frau: »Da saß ich nun mit meinen Kindern. Zuerst war alles noch ganz neu und aufregend. Wir hatten ja auch viel aufzuarbeiten, es war ja eine ziemlich stressige Zeit für die Kinder gewesen. Als ich aber dann langsam wieder zur Ruhe kam, spürte ich mein Verlangen nach Männern wieder. Ich habe mich einfach einem Arbeitskollegen anvertraut und gesagt: ›Ich bin schwul.‹ Der fand das ganz toll, und obwohl er nicht schwul war, hat er mich darin unterstützt, Kontakte zu anderen Schwulen aufzunehmen.«

Teilweise begegnen Lesben und Schwule auch in der Nachbarschaft Ablehnung, da diese die neue Familienkonstellation nur schwerlich akzeptieren kann. Obwohl Nachbarn nicht unbedingt Freunde sind, die wir uns ausgesucht haben, bestimmt die Qualität der nachbarlichen Beziehung unser Wohlbefinden in unserem Zuhause mit. Nachbarn sind Menschen, mit denen wir unter Umständen mehr zu tun haben als mit den eigenen Eltern oder Freunden. Immerhin leben wir Tür an Tür, wodurch ein Teil des Familienlebens anderen nicht verborgen bleiben kann. Vielleicht spielen die Kinder mit den Nachbarskindern und wollen diese auch mit nach Hause bringen. Ist die Familienbeziehung bekannt, dürften keine Probleme bestehen. Soll die lesbisch-schwule Elternschaft aber verheimlicht werden, müssen entweder die fremden Kinder draußen bleiben, oder aber sämtliche »Indizien« werden vorher weggeräumt. Das erzeugt Streß. Viele scheuen sich, den Nachbarn offensichtlich als homosexuelles Paar entgegenzutreten. Dabei denken die sich unter Umständen ihren Teil, und die unausgesprochenen Fragen erzeugen nur Spannungen – auf beiden Seiten. Werden erst Freiräume zum Tuscheln angeboten, erscheint der erste Schritt zum Miteinander äußerst schwierig.

Einige »outen« sich schrittweise, so wie Emma, in der Hoffnung, langsam aber sicher würden die Nachbarn schon kapieren, um was für eine Beziehung es sich handelte: »Ich lebe mit meinem Sohn und meiner Freundin innerhalb eines Hauses, wo die Leute ganz tolerant sind. Eigentlich kann ich leben, wie ich will. Ich denke, es muß doch allen klar sein, wie ich lebe.«

Nur wenige Menschen werden ihre Nachbarn tatsächlich meiden, wenn sie erfahren, daß diese homosexuell sind. Treten dennoch Konflikte auf, kann dies vielerlei Gründe haben, die gar nichts mit der sexuellen Orientierung zu tun haben. Für viele ist ein ablehnendes Verhalten Grund genug, den Wohnort zu wechseln. Insbesondere diejenigen, die vorher in kleinstädtischen Verhältnissen gelebt haben, erhoffen sich davon eine positive Wende. So erlebte es auch Harald: »Die neuen Nachbarn gehen ganz locker damit um, daß ich ein schwuler Vater bin. Wir haben eine sehr gute Hausgemeinschaft mit gegenseitiger Kinderbetreuung, gemeinsamen Gartenfesten und so. Mein Freund ist natürlich immer dabei.«

Der Umgang mit Erzieherinnen in Kindergarten und Schule

Spätestens, wenn die Kinder in den Kindergarten oder die Schule kommen, wird das Thema Homosexualität aktuell, denn die Lebensweise der Familie läßt sich nun nur noch schwer verheimlichen. Kinder erzählen in jungen Jahren ganz unbefangen von ihrem Zuhause. Nicht selten spielen sie Szenen aus ihrer Familie nach und finden es dabei gar nicht ungewöhnlich, wenn nicht Mama und Papa, sondern zwei Papas für sie sorgen. Verunsichert werden sie oft weniger durch die Fragen anderer Kinder, als vielmehr durch die Bemerkungen von Erwachsenen, die ungläubig nachhaken, ob denn tatsächlich keine Mama zu Hause sei. Wird Kindern in solchen Situationen von ihren Eltern keine Sicherheit vermittelt, entwickeln sie leicht das Gefühl, daß irgend etwas bei ihnen zu Hause nicht stimmt.

Wenn Kindergarten- und Schulpersonal über die Familiensituation Bescheid wissen, können sie die Kinder auffangen, ehe das Problem gravierend wird. Die Familie ist sowohl im Kindergarten als auch in der Schule immer ein Thema – sei es, daß die Kinder erzählen sollen, was ihre Eltern beruflich machen, sei es, daß sie aufgefordert werden, über ihre Geschwister zu berichten. Häufig sollen Kinder in einer der ersten Klassen ihren Familienstammbaum malen. Dies ist ein geeigneter Augenblick, ihnen zu Hause und in der Schule zu erklären, daß es viele Familienformen gibt, daß diese unterschiedlich aussehen können und daß keine von ihnen besser oder schlechter als die andere sein muß. Denn um es noch einmal zu betonen: Entscheidend für das Wohlbefinden der Kinder ist nicht die biologische Zugehörigkeit, sondern die emotionale und soziale Bindung an ihre Eltern.

Leider gibt es keine Garantie dafür, daß Erzieherinnen oder Lehrer unterschiedlichen Lebensformen aufgeschlossen gegenüberstehen. Nur in den seltensten Fällen werden die diversen Familienmodelle selbst zum Unterrichtsgegenstand. Wieder sind Lesben und Schwule gefordert, etwas zur Bewußtseinsveränderung beizutragen, beispielsweise, indem sie sich bei Elternabenden so offensiv zeigen wie Mischas Mütter: »Die sollen wissen, daß Mischa zwei Mütter hat. Wir sind beide seine Ansprechpartnerinnen. Nachfragen in der Art: ›Wer ist denn die richtige Mutter?‹ lassen wir gar nicht erst zu.«

In einem anderen Fall bot die Schulfeier mit Grillfest Hella und ihrer Familie die Gelegenheit, ihren Familienstand klarzustellen: »Ich bin mit Cornelia, Rachel und David hingegangen. Das war sozusagen unser erster Auftritt. Wir haben gesehen, wie sie alle tuschelten. Inzwischen ist das vorbei, und es kommen weder Bemerkungen, noch werden wir gemieden. Warum auch, die Leute mochten mich vorher doch auch?«

Es ist nachvollziehbar, daß viele lesbisch-schwule Eltern Angst davor haben, ihre Lebensweise könne entdeckt werden. Homosexuelle weichen ab von der Norm und möchten oft nur ungern in eine pädagogische Debatte darüber geraten, ob sie ihre Kinder auch »ordentlich« erziehen. Insbesondere lesbische Mütter arbeiten sich daran ab, gute Mütter zu sein, die alle störenden Einflüsse von ihrem Kind fernhalten. Sie benötigen eine gehörige Portion Stärke und Selbstbewußtsein, um trotzdem offensiv für ihre Lebensform einzutreten. Dennoch ist es wichtig, nicht zuletzt um der Kinder willen. Gerade lesbische Mütter, die den Schritt in die Öffentlichkeit geschafft haben, halten die Erziehung ihrer Kinder häufiger als heterosexuelle Paare für eine gemeinsame Aufgabe. Es ist auffällig, wie oft sie zusammen zu Elternabenden gehen, während in der traditionellen Familie meist nur die Mutter für solche Pflichten zuständig ist. Wenn sich dann herausstellt, daß noch weitere lesbisch-schwule Elternpaare mit im Raum sitzen, ist die Erleichterung oft riesengroß.

Gleichgeschlechtliche Eltern im Berufsleben

Es ist eine Frage der Einschätzung und der inneren Stärke, ob man bzw. frau sich am Arbeitsplatz als homosexuell zu erkennen gibt oder nicht. Da Lesben und Schwule noch immer unter Diskriminierungen zu leiden haben, ist die Angst davor, einen Arbeitsplatz entweder erst gar nicht zu bekommen oder ihn zu verlieren, nicht unbegründet, obwohl die private Lebensführung kein Unternehmen zur Kündigung berechtigt. Dennoch fällt es Arbeitgebern oft leicht, Gründe vorzuschieben, gegen die nur schwer gerichtlich vorgegangen werden kann.

Es gibt aber durchaus Situationen, in denen Arbeitgeber eine lesbisch-schwule Lebensweise akzeptieren. Alice hat gleich beim Einstellungsgespräch klar und deutlich zu verstehen gegeben, daß sie eine Lesbe ist: »Der Personalchef meinte, eigentlich hätte er lieber einen Mann eingestellt. Ich habe darauf gesagt: Wissen sie, einen Bart habe ich schon, eine Frau habe ich auch zu Hause, aber sonst kann ich keine männlichen Attribute aufweisen.« Den Mut dazu hatte sie, weil sie hinter der Hand die Information erhalten hatte, daß die Wahl auf sie gefallen sei.

Viele Lesben und Schwule können sich dagegen eine Offenheit im Berufsleben nicht vorstellen. Sie befürchten eine soziale Kontrolle durch Dritte. Das Resultat ist, daß sie ihren lesbisch-schwulen familialen Zusammenhalt (ver-) leugnen oder aber – wenn sie als »geschiedene Frau« oder als der »alleinerziehende Vater« wahrgenommen werden – dies nicht geraderücken. Vielfach bieten Kinder in beruflichen Situationen eine Alibifunktion. Wer Kinder zu Hause hat, kann nicht lesbisch oder schwul sein. Und wie es zu Hause aussieht, wissen die wenigsten Kollegen voneinander. Reaktionen auf ein Coming-Out sind aber nicht immer negativ. Hier besteht oftmals eine Wechselwirkung. Je selbstverständlicher und selbstbewußter Lesben und Schwule ihre Lebensform darstellen, desto weniger angreifbar sind sie.

Vielfach sind gerade auch Kinder Auslöser für ein Coming-Out in der Firma. Dazu erzählt Louise: »Als ich schwanger war, habe ich es meinen Boss erzählt und war auf seine Reaktion ziemlich gespannt. Er meinte dann: ›Ich wußte gar nicht, daß du einen Freund hast, den hast du nie erwähnt.‹ Und ich sagte: ›Ich habe ihn nie erwähnt, weil es kein Er ist sondern eine Sie.‹ Darauf er: ›Davon habe ich schon gehört.‹ Danach wünschte er sich, daß das Baby ein Junge würde, um zu sehen, wie Lesben damit fertig werden, einen Jungen großzuziehen. Es ist ein Mädchen geworden, und gelegentlich kauft er ihr kleine Geschenke; gibt mir mal ein T-Shirt mit oder lustiges Spielzeug.«

Diese Offenheit ermöglicht es, am Smalltalk innerhalb der Firma teilzuhaben, ohne aufwendige Lügengebäude vor sich herzutragen. Das, was für Heteros gang und gäbe ist, ein Plausch über die letzte Urlaubsreise plus Bilder-Schauen, gehört dann auch für lesbisch-schwule Eltern zum Alltag.

Die Akzeptanz einer sozialen Elternschaft muß oftmals erst in kleinen Schritten erarbeitet werden. Diese Erfahrung machte Alice, die mit ihrem Lesbischsein innerhalb der Firma nie auf negative Reaktionen traf. Im Gegenteil, bei Betriebsfeiern mit Familienangehörigen ist ihre Freundin immer mit eingeladen. Die Tatsache, daß Alice auch für ein Kind die Verantwortung trägt, wurde dagegen nicht so einfach akzeptiert. »Naja, das einzige, wo ich dann wiederum merkte, daß ich nicht so ganz für voll genommen wurde, war, wenn ich sagte, ich müsse nach Hause, weil Mischa auf mich wartete. Dann merkte ich schon, das wird als ein bißchen komisch angesehen, daß ich jetzt unbedingt nach Hause müßte, obwohl das doch nicht mein Kind ist.«

Darüber hinaus können homosexuelle (soziale) Eltern weder ihre Paarbeziehung noch ihre Elternschaft (finanziell) geltend machen. Eine Kinder- und Familienzulage steht ihnen nicht zu, die Kinder können nicht mit auf die Steuerkarte, der Erziehungsurlaub kann nicht vom sozialen Elternteil übernommen werden, und weder Kind noch PartnerIn können in der gesetzlichen Krankenversicherung mitversichert werden.

Hier lohnt sich wieder ein Blick in die USA. In etlichen Bundesstaaten haben sich Arbeitgeber auf gleichgeschlechtliche Lebensformen eingestellt. Arbeitgeber, die sich besonders progressiv verhalten, sind oft selbst lesbisch oder schwul. Das, was an Versicherungsleistungen nur über eine Heirat abgesichert werden kann, geben sie als Bonus an die LebenspartnerInnen ihrer ArbeitnehmerInnen weiter. Die einzige Bedingung: Sie müssen belegen können, daß sie Lebenspartner sind, und schon ist z.B. der schwule Partner, der wegen des Kindes zu Hause bleibt, mit krankenversichert. In Ausnahmefällen gibt es auch Zuwendungen für das Kind der PartnerInnen. Die Adressen dieser fortschrittlichen Arbeitgeber werden bei vielen Gelegenheiten weitergereicht und publik gemacht. Die Gelben Seiten der »100 best companies for gay and lesbians« sind nicht mehr wegzudenken.

Sogar in der Schweiz, wo Lesben und Schwule noch einen schlechteren Status innehaben, sind solche Ausnahmen möglich. In Brugg bekam eine lesbische soziale Mutter von ihrem Arbeitgeber anstandslos die volle Kinder- und Familienzulage. Lichtblicke, die Hoffnung machen. Würde in der BRD anerkannt, daß Elternschaft nicht nur per Biologie entsteht, sondern in vielen Familienkonstellationen eine soziale Elternschaft erworben werden kann, wären die zuvor genannten Regelungen auch bei uns denkbar. Es zeigt sich, daß – auch wenn sich die Rechtslage nicht geändert hat – Veränderungen möglich sind, insbesondere da, wo eine Lobby existiert.

In vielen Großstädten der BRD haben sich in den verschiedensten Berufssparten lesbisch-schwule Arbeitskreise gebildet (Adressen im Anhang), die sich für eine Gleichbehandlung von Homosexuellen einsetzen und gegen Diskriminierung am Arbeitsplatz vorgehen. Das Mitwirken in einer dieser Arbeitsgruppen stärkt das Selbstbewußtsein und ermutigt dazu, allmählich offener und vielleicht auch offensiver als Lesbe oder Schwuler aufzutreten.

Kinder und die lesbisch-schwule Szene

Die lesbisch-schwule Szene präsentiert sich im allgemeinen kinderlos, und Homosexuelle mit Kindern fühlen sich darin nicht selten ebenso isoliert wie in der Heterowelt, ja sogar stigmatisiert, wie z.B. Alice: »Mitte der 80er Jahre galt es als sehr unfein, wenn du als Lesbe Kinder hattest. Zu der Zeit warst du irgendwie ein merkwürdiges Wesen. Dann kam noch hinzu, daß ich einen Jungen hatte, etwas, das die

Superlesben zum Teil ganz schocking fanden. Die Ablehnung in der Lesbenszene hat uns schon sehr zugesetzt.«

Da Kinder außerdem viel Zeit beanspruchen, ist die Alltagsorganisation homosexueller Eltern viel aufwendiger als die ihrer kinderlosen Bekannten. So war für Dorothee »eins der Dinge, die mir bei der Tatsache, eine lesbische Mutter zu sein, auffielen, daß die Geselligkeit von Lesben mit einer Mutterschaft nicht vereinbar war. Diese ganzen Babysitterfragen – immer mußte ich erst dafür sorgen, daß die Kinder versorgt waren.«

Sogar langjährige Freundschaften können an der Geburt eines Kindes zerbrechen, wie Brigitte berichtet: »Zehn Jahre lang waren wir miteinander befreundet, und als der Kleine geboren wurde, ist meine Freundin ausgeflippt. Sie meinte, wir würden einen potentiellen Vergewaltiger großziehen.« Hier zeigt sich, daß Lesben auch gesellschaftliche Ausgrenzungsmechanismen reproduzieren, indem sie sich einer Auseinandersetzung bzw. Konfrontation mit lesbischer Mutterschaft entziehen. So ist für viele Lesben, die von Freunden oder ihrer Familie keine Entlastung erwarten können, eine lesbische Müttergruppe sowie der private Kontakt mit anderen lesbischen Müttern eine große Unterstützung.

Auch schwule Väter haben sich zu Selbsthilfegruppen zusammengeschlossen, in denen sie sich allerdings meist weniger mit alltäglichen Problemen der Kindererziehung als vielmehr mit ehemaligen Heterobeziehungen und ihrem Coming-Out beschäftigen. Die Kinder dieser Väter leben meist bei der Ex-Frau.

Läßt sich die nächstliegende Adresse einer Mütter- oder Vätergruppe nicht aus dem Anhang ermitteln, so helfen Frauenzentren oder lesbisch-schwule Einrichtungen weiter.

In den USA gibt es seit Anfang der 70er Jahre verschiedene Organisationen für homosexuelle Eltern. Die *Gay and Lesbian Parents Coalition International (Internationale schwul-lesbische Elternvereinigung)* hat sich inzwischen zu einem flächendeckenden Netzwerk innerhalb der USA entwickelt und verfügt über zahlreiche Gruppen weltweit – jedoch über keine in der Bundesrepublik.

Die inhaltliche Arbeit dieser Organisation geht über eine gegenseitige Unterstützung weit hinaus. Alljährlich organisiert sie Workshops, verschickt alle zwei Monate einen Newsletter und scheut auch die Auseinandersetzung mit der Heterowelt nicht. Mit dem Slogan »Love makes a family« setzt sie sich nicht nur dafür ein, daß homosexuelle Eltern als solche öffentlich sichtbar werden, sondern kämpft auch für ihre Anerkennung, sprich für die Veränderung der Familienrechte.

4.

Und wie geht's den Kindern?

Wie sag ich's meinem Kinde?

In einer Gesellschaft, in der Homosexualität noch immer ein Tabu darstellt und Homosexuelle diskriminiert werden, haben Kinder aus lesbischen und schwulen Familien es nicht leicht, sich zurechtzufinden. Spätestens, wenn sie in den Kindergarten oder in die Schule kommen, werden sie feststellen, daß es auch andere Familienformen als die, in der sie leben, gibt, und sie werden mit Fragen konfrontiert werden, die manchmal sicher mehr als kritisch ausfallen. Es ist wichtig, die Kinder auf solche Situationen vorzubereiten und ihnen klarzumachen, daß die eigene Lebensweise jedem Vergleich mit einer anderen standhalten kann.

Besonders schwierig ist dies sicherlich für Paare oder Alleinerziehende, die eine heterosexuelle Vergangenheit hinter sich haben und außer einer Trennung vielleicht den Beginn einer neuen Beziehung und damit zusammenhängend auch ihr Coming-Out verarbeiten müssen. Nicht nur sie selbst, auch ihre Kinder finden sich plötzlich einer anderen »Welt« ausgesetzt, die sie erst einmal kennenlernen müssen. In dieser Situation scheuen Lesben und Schwule sich häufig, ihren Kindern gegenüber offen zu sein. Untersuchungen belegen, daß mehr schwule Väter als lesbische Mütter Probleme damit haben, mit ihren Kindern über ihre Homosexualität zu sprechen (Bozett 1987). Diese Väter befürchten, mit offenen Worten nur Verstörung und Ablehnung bei ihren Kindern hervorzurufen. So sind es meist die Ex-Frauen, die die Kinder über die Homosexualität ihres Vaters und über die Gründe der Trennung aufklären. Gunna hat dagegen den Weg der offenen Aussprache gewählt. Er wollte, daß die Kinder seinen Freund richtig einordnen konnten: »Ich habe ihnen gesagt: ›Ich habe jetzt keine Frau mehr, sondern einen Freund. Den habe ich gern, dem gebe ich einen Kuß und nehme ihn auch in den Arm. Eigentlich ist es wie mit einer Freundin, nur, daß er eben ein Mann ist, der besser zu mir paßt, als eine Freundin.‹« Für Kinder ist es wichtig zu wissen, warum der Vater oder die Mutter jetzt mit einem gleichgeschlechtlichen Partner zusammenlebt.

Väter, die allein mit ihren Kindern zusammenleben oder sich intensiver mit ihnen beschäftigen, als es die traditionelle Vaterrolle vorschreibt, haben es in dieser Hinsicht leichter. Gerade wenn sie eine dauerhafte Beziehung eingehen, ist es für sie wichtig, ihre Kinder in ihr neues Leben einzubeziehen. »Für die Kinder sollte so etwas ganz normal sein; denn natürlich hatten sie schon irgendwo gehört: »Wie euer Papa jetzt lebt, das ist schwul.‹ Ich will ihnen ein ganz normales schwules Leben vorleben, damit sie es als selbstverständlich kennenlernen. Ich will, daß Schwulsein für die Kinder etwas Normales ist. Ich will nicht, das sie irgendwann mal sagen, der Papa ist 'ne schwule Sau.‹« (Harald)

Eine häufig vertretene Auffassung besteht darin, daß das zentrale Problem einer lesbisch-schwulen Familie das tiefgründige Einwirken einer homophoben Kultur sei. Kein Kind könne in einer solchen Konstellation unbeschadet aufwachsen. Vorurteile wie

- Kinder würden durch die Lebensweise ihrer Eltern tief verwirrt;
- Lesben würden den Kontakt der ganzen Familie zu Männern unterbinden;
- Schwule würden Kinder sexuell mißbrauchen;

- Kinder würden selbst zu Homosexuellen erzogen;
- Kinder würden wegen ihrer von der Norm abweichenden Lebensform gehänselt und hätten wenig positive Kontakte zu Gleichaltrigen,

sind gang und gäbe. Unter Umständen, vor allem wenn zu Hause nicht darüber gesprochen wird, reproduzieren die Kinder aus lesbisch-schwulen Familien solche Vorurteile selbst, und sei es nur aus dem Bedürfnis heraus – wie es im übrigen jedes Kind einmal verspürt –, sich irgendwie von den Eltern abzugrenzen. Manchmal wissen die Kinder gar nicht, worüber sie eigentlich reden. Ihnen ist nur bewußt, daß sie andere mit ihren Worten verletzen können. Deshalb ist es wichtig, die Kinder früh genug über die gesellschaftliche und die eigene Einstellung zur Homosexualität zu informieren. Nicht immer sind die Reaktionen positiv, aber das zeigt nur die Verunsicherung von Kindern.

Eltern müssen darauf gefaßt sein, daß Kinder mit Ablehnung und Aggressionen reagieren. Besonders bei Kindern vor oder in der Pubertät geschieht dies häufiger. Es gilt dann zu klären, ob diese negativen Reaktionen eine Antwort auf die Trennung sind, oder ob das Kind tatsächlich nicht mit der homosexuellen Liebe der Mutter oder des Vaters klarkommt.

Manche Kinder wollen keine weiteren Informationen und weigern sich, über eigene Gefühle zu sprechen. Werden solche Reaktionen eingeplant, findet sich auch eine Basis, offen mit den Kindern darüber zu sprechen. Es ist wichtig, den Kindern Zeit einzuräumen und hin und wieder nachzufragen. Sie müssen wissen, daß ihre Gefühle respektiert werden. Genau wie homosexuelle Eltern einen gewissen Zeitraum für ihr Coming-Out benötigten, brauchen sie einige Zeit, um zu akzeptieren, daß die Mutter lesbisch oder der Vater schwul ist. Nur wenn die Eltern offen mit ihrer Beziehung umgehen, können die Kinder sie nach und nach akzeptieren und auch nach außen hin vertreten. Hilfreich sind Kontakte zu anderen homosexuellen Familien. Kinder erfahren so, daß ihre Familienform nicht einmalig ist, und sie haben die Möglichkeit, sich mit anderen Kindern auszutauschen, die ähnliche Erfahrungen machen.

Ganz so einfach, wie viele es sich vorstellen, verläuft das Coming-Out gegenüber den Kindern häufig jedoch nicht. Als Bernd seiner Tochter erklärte, warum er sich von ihrer Mutter trennen würde, sah er sich unvermittelt einem völlig aufgelösten Mädchen gegenüber, das weinend zu ihm sagte: »Hast du mich denn auch nicht mehr lieb, weil ich kein Mann bin?«

Verlustängste und Verunsicherungen entstehen bei Kindern vor allem dann, wenn ihnen Situationen und Verhaltensweisen nicht erklärt werden. Melanie erinnert sich, daß »die Älteren in der Schule anfingen hinter mir herzurufen: ›Lesbenkind‹, und ich hatte keine Ahnung, was das bedeutete. Mein Zuhause war mein Zuhause, und ich hatte zwei tolle Mütter. Es gab da nichts für mich zu hinterfragen. Aber sie hätten mir erzählen müssen bzw. mich vorwarnen müssen, daß viele Menschen unsere Lebensform ablehnen oder sie nicht verstehen. Dann hätte ich es auch leichter mit diesen Sprüchen gehabt.«

Kinder spüren sehr schnell, wenn ihnen die Eltern etwas Wichtiges verschweigen. Sie fühlen sich verunsichert, abgelehnt, ungeliebt und stehen meist verständnislos vor einer für sie neuen Situation. Auch wenn sich die besten Absichten hinter dem Schweigen der Eltern verbergen mögen – diese erreichen damit oft das Gegenteil dessen, was sie beabsichtigen. So erinnert sich Carmen: »Nachdem meine Mutter mir erzählt hatte, daß sie lesbisch sei und was dies bedeute, hatten wir einen viel besseren Kontakt zueinander. Vorher war immer eine Barriere zwischen uns, und ich wußte nie, warum. Aber heute kann ich vieles besser verstehen.«

Lesben und Schwule wissen aufgrund ihrer eigenen Lage, mit welchen Problemen ihre Kinder wahrscheinlich konfrontiert werden. Als Eltern müssen sie ihnen klarmachen, daß sie immer als Ansprechpartner zur Verfügung stehen, und sie ermutigen, Ängste offen zu formulieren. In Situationen, die eine Stellungnahme erfordern, sollten sie Rückgrat zeigen, wie z.B. Gunna: Ein Spielkamerad seines Sohnes wollte unbedingt wissen, ob Gunna schwul sei, traute sich jedoch nicht, ihn zu fragen. Gunnas Sohn ermutigte seinen Freund dazu. Nach einigem Zögern war die Frage heraus: »Sind sie wirklich schwul?« Als Gunna bejahte, sagte sein Sohn zu seinem Freund: »Siehste, das hab' ich dir doch gesagt.« Dieses Beispiel macht deutlich, wie positiv Offenheit auf das Selbstbewußtsein von Kindern wirkt. Es können aber auch Ängste in bezug auf das Verhältnis Eltern-Kind auftreten, wie Shakti zu berichten weiß: »Meine Tochter fragte mich einmal, ob ich sie lieben würde, egal was passiert, und ich dachte: ›Was hat sie bloß gemacht?‹ Sie sagte darauf: ›Ich glaube, wenn ich erwachsen bin, werde ich heiraten.‹ Ich sagte ihr, daß das für mich o.k. sei, und sie fragte: ›Bist du nicht enttäuscht?‹ ›Nein, aber vielleicht würde ich es vorziehen, wenn du lesbisch wirst, dann bräuchte ich mir keine Gedanken machen, daß du als Teenager schon schwanger wirst‹. Sie sah mich nur an und meinte: ›Dich hat es auch nicht davon abgehalten.‹ Damit hatte sie recht, und bei der Gelegenheit machte ich ihr deutlich, daß sie noch eine dritte Wahl hätte, nämlich bisexuell zu sein.«

Vertrauen und Offenheit sind Grundvoraussetzungen für ein intaktes Familienleben. Dani »erwischte« ihre Mutter mit einer anderen Frau im Bett, als sie neun Jahre alt war und reagierte völlig konfus. Ihre Mutter hatte sie zwar aufgeklärt, ihr dabei aber nichts über Homosexualität erzählt. Dani fühlte sich so verunsichert, daß sie am liebsten zur Oma gezogen wäre. Ihre Mutter konnte die Situation klären, indem sie sich intensiv mit Dani auseinandersetzte. Inzwischen sind sechs Jahre vergangen, und Dani kann sich nicht mehr vorstellen, daß Sandra einmal auszieht, denn »wir leben richtig familymäßig zusammen«.

Für Sabine, heute 34 Jahre alt, ist es ganz klar: »Wenn meine Mutter offener gewesen wäre – in meinem Leben, meiner Schule, bei meinen Freunden, wo auch immer – ich hätte mich viel wohler gefühlt, eine lesbische Mutter zu haben. Erst heute weiß ich, sie hatte Angst, ich könnte vielleicht diskriminiert werden.«

Gerade weil Homosexualität in unserer Gesellschaft so tabuisiert wird, sollte jede Möglichkeit, Kinder darüber aufzuklären, beim Schopfe gefaßt werden. Einige diesbezügliche Vorgehensweisen und Fragestellungen sollen im folgenden kurz erörtert werden (angelehnt an: Bozett 1990, 166-168).

1. Wichtig ist eine positive Auseinandersetzung mit der eigenen Sexualität. Mütter oder Väter, die sich ihrer Homosexualität vielleicht sogar schämen, werden eher von ihren Kindern angegriffen als Homosexuelle, die sich selbstbewußt zu ihrer Lebensweise bekennen. Ihnen fällt es auch relativ leicht, mit ihren Kindern ein klärendes Gespräch zu führen, wenn sich ein Problem ergibt.
2. Kein Kind ist zu jung für Erklärungen. Jedes Kind nimmt soviel auf, wie es verstehen kann.
3. Ein klärendes Gespräch mit den Kindern sollte stattfinden, bevor sie von anderen über die Homosexualität ihrer Eltern erfahren. Sie wären in diesem Fall zu Recht verletzt und hätten das Gefühl, die Eltern wollten ihnen etwas verheimlichen oder brächten ihnen nicht genügend Vertrauen entgegen. Die Kinder selbst wären dann auch kaum mehr in der Lage, das Thema von sich aus anzusprechen. Es ist wichtig, ihnen Vertrauen entgegenzubringen und persönlich von der lesbisch-schwulen Lebensweise zu erzählen.

4. Der Zeitpunkt für das Gespräch sollte nach Möglichkeit vorher geplant werden. So ist gewährleistet, daß es in einem Rahmen stattfinden kann, in dem sich alle Beteiligten zu Hause und im besten Fall geborgen fühlen.
5. Das Gespräch soll Informationen vermitteln und keine Beichte darstellen; keine bedrückenden, belastenden Offenbarungen liefern, sondern eine positive Aufklärung in einfachen und klaren Worten.
6. Dem Kind muß vermittelt werden, daß sich die Beziehung seiner Eltern zu ihm nach dem Gespräch nicht verändern wird. Auch wenn sie homosexuell sind – sie bleiben dieselben Personen wie vorher, nämlich die Eltern.

Je nach Alter des Kindes sollten bestimmte Rückfragen mit einkalkuliert werden, so z.B.:

1. »Warum erzählst du mir das?«
   »Weil es ein Teil meiner Persönlichkeit ist und es mir wichtig ist, daß du ihn kennst. Ich schäme mich nicht, daß ich homosexuell bin, und du brauchst dich deswegen auch nicht zu schämen.«
2. »Was heißt lesbisch/schwul?«
   »Das bedeutet, sich von einer Frau/einem Mann angezogen zu fühlen. So stark, daß du dich verliebst und diese Liebe auslebst.«
3. »Werde ich später auch lesbisch/schwul?«
   »Nur weil ich lesbisch/schwul bin, wirst du es noch lange nicht. Es ist nichts Ansteckendes oder Vererbbares. Du wirst später so sein, wie es für dich richtig ist.«
4. »Magst du keine Männer/Frauen?«
   (Hinter dieser Frage verstecken sich einerseits die Ängste der Kinder, der andere Elternteil würde gehaßt, und andererseits die Frage des Mädchens an seinen schwulen Vater, ob er es noch liebt, bzw. des Jungen, ob seine Mutter ihn noch gern hat.)

»Ich mag Männer/Frauen, aber ich fühle mich nicht so zu ihnen hingezogen wie zu Frauen/Männern.«

5. »Was soll ich meinen Freunden erzählen?«

   »Viele Menschen haben Vorurteile Homosexuellen gegenüber; vielleicht ist es am besten, wenn du es erstmal nur besten Freunden erzählst. Es ist möglich, daß es weiter erzählt wird, darauf mußt du gefaßt sein. Wann immer du Probleme für dich siehst, laß uns darüber reden.«

Für das Coming-Out den Kindern gegenüber gibt es keine Patentlösung. Es ist eine persönliche Entscheidung der Betroffenen, für sich und die Kinder den richtigen Weg und die richtigen Worte zu finden.

»Wo komme ich her?« und viele andere Fragen

Kinder, die von klein auf mit lesbisch-schwulen Eltern zusammenleben, werden früher oder später die Frage nach ihrem leiblichen Vater bzw. ihrer leiblichen Mutter, d.h. nach ihrer Herkunft stellen. Viele Eltern, die ein Kind adoptiert haben, wissen nicht so recht, wann der richtige Zeitpunkt für Erklärungen gekommen ist und wieviel sie ihrem Kind zumuten können. Doch diese Frage ist, wie so viele andere auch, nicht pauschal zu beantworten. Woher komme ich? Warum wollten meine Eltern mich nicht behalten? Haben sie mich nicht lieb? Werde ich sie jemals kennenlernen? Solche Fragen seitens der Kinder sind unvermeidlich, deshalb ist es wichtig sich darauf einzustellen. Was sie wann am besten sagen, können Eltern nur selbst erspüren. Auf jeden Fall sollten sie versuchen, ihrem Kind seine Adoption so sensibel wie möglich begreifbar zu machen.

Es ist wichtig, Kindern nicht irgendwelche Geschichten über ihre Herkunft zu erzählen, sondern sie über die wahren Umstände, die zur Adoption führten, aufzuklären. Die Kinder müssen dabei erfahren, daß sie aufgrund einer Notsituation nicht bei ihren leiblichen Eltern aufwachsen können und nicht, weil sie nicht liebenswert wären. Gerade, weil sie so liebenswert sind, haben die Adoptiveltern sie mit zu sich nach Hause genommen. Kinder müssen spüren und wissen, daß sie geliebt werden, daß sie diese Liebe verdienen und daß sie für immer zur Familie gehören. Eventuell hilft es, als Auftakt für ein klärendes Gespräch gemeinsam mit den Kindern Bilderbücher über Adoptivkinder anzuschauen. Obwohl es im deutschsprachigen Raum nur Bilderbücher über Adoptivkinder in heterosexuellen Familien gibt, kann die Lektüre wertvolle Anregungen bieten.

Viele Familien mit Adoptivkindern feiern jedes Jahr den Tag, an dem das Kind in die Familie kam, wie einen zweiten Geburtstag und vermitteln ihrem Kind auf diese Weise jedesmal wieder, mit wieviel Freude es erwartet wurde.

Ungleich schwerer als Kinder, die innerhalb des eigenen Landes adoptiert oder in Pflege genommen wurden, haben es Kinder aus einem anderen Kulturkreis und mit sichtbar anderer Hautfarbe. Hilfreich ist es, wenn die Eltern den Kindern eine Brücke bauen, indem sie sich selbst mit der anderen Kultur beschäftigen und dem Kind darüber erzählen. So wird der Kontakt zum ersten Heimatland aufrechterhalten, und später kann das Kind sich selbst mit dieser Kultur auseinandersetzen.

Lesben und Schwule haben oftmals Probleme damit, wie sie ihren Kindern eine Insemination erklären sollen. Es ist nicht einfach, in einer kindgerechten Sprache den Vorgang einer Insemination zu erklären. Vielen Kindern reicht allerdings lange Zeit das Wissen aus, daß sie im Bauch ihrer Mutter herangewachsen sind. Oft werden sie erst durch andere Kinder angeregt, gezielte Fragen zu stellen. Wenn es Anstöße braucht und Vertrauen hat, wird es Signale geben und Fragen stellen.

Auch hier der Tip: Immer nur so viel erzählen, wie Kinder verstehen können. Anfangs wird es ausreichen, Kindern zu erzählen, das Babies alle auf eine Art und Weise entstehen. Das Ei von der Frau muß mit dem Samen vom Mann verschmelzen, und im Bauch der Frau wächst es zu einem Baby heran. Weiter könnte erzählt werden, daß in einer Familie mit zwei Müttern entweder das Ei der einen oder der anderen Mutter benutzt werden kann und der Samen von einem Mann kommt, der den Frauen dabei helfen wollte, ein Baby zu bekommen. Je nach Kontakt zum Samenspender sind hier auch andere Antworten möglich. Erst viel später sind für Kinder dann auch Fragen nach der Herkunft des Samens und danach, wie er zum Ei gelangte, relevant. Auf Fragen, die Kinder direkt nach dem Wie und Warum einer Insemination stellen, gibt es nur direkte Antworten – und die müssen ehrlich sein. Liz erzählte ihrer Tochter: »Du weißt, daß Mam und Mami sich lieben. Und wir wollten diese Liebe mit dir teilen. Marc hat uns den Samen gegeben, und Mam hat den Samen mit einer kleinen Kanüle in ihre Vagina eingeführt, wo schon ein Ei auf die Befruchtung wartete. Und daraus bist du entstanden.« Dieses Wissen stärkt das Selbstvertrauen der Kinder, denn so fühlen sie sich gewollt und als etwas Besonderes. Bei dieser deutlichen Erklärung ist es sinnvoll, Kindern eine Kanüle zu zeigen und damit zu spielen. So erfahren sie, daß eine Insemination kein schmerzhafter Vorgang ist. Der Prozeß der Befruchtung ist in dem Film *Guck mal, wer da spricht* sehr anschaulich dargestellt. Vielleicht wäre es eine Idee, diesen Ausschnitt Kindern zu zeigen.

Kontakte zum Vater

Die Väter ihrer Kinder sind für viele Lesben ein heikles Thema. Die Frauen, die ihre Kinder zu anfang noch in einer heterosexuellen Beziehung großgezogen und den Kindesvater leibhaftig in seiner Rollenfunktion als Vater wahrgenommen bzw. erlebt haben, zeigen deutlich eine Resignation dem Thema gegenüber. Wohingegen die Frauen, die sich bewußt einen Freund als Kindesvater ausgesucht haben, große Erziehungs- und Einbeziehungspläne ausbreiten. Für Lesben, die mit ihrem Kinderwunsch immer noch »schwanger« gehen, hat die Frage über die Vaterrolle nach der Frage, wie bekomme ich ein Kind, den größten Stellenwert. Angesichts der herrschenden Überzeugung bezüglich der Unersetzbarkeit des Vaters ist das nicht verwunderlich. In den meisten wissenschaftlichen Darstellungen wird das Modell Mutter-Vater-Kind als Maßstab für einen erfolgversprechenden Sozialisationsprozeß herangezogen. Jessica Benjamin (1990) z.B. ist der Auffassung, daß Mädchen und Jungen zur Ablösung von der Mutter zwingend eine Vaterfigur bräuchten. Welche Eigenschaften diese Vaterfigur repräsentieren soll und ob sie an das männliche Geschlecht gebunden sind, bleibt fraglich.

Diese Theorien haben die öffentliche Meinung stark beeinflußt. Insbesondere lesbische Mütter müssen sich daran abarbeiten und sich darüber hinaus noch mit dem Vorurteil auseinandersetzen, daß sie ihren Kindern ein ausschließlich frauenfixiertes Umfeld böten und den Kontakt zu Männern unterbinden würden. Einem Jungen fehle so eine Identifikationsfigur, einem Mädchen der Gegenpart.

Doch wieviel Vater braucht ein Kind tatsächlich? Geht es all den vaterlosen Kindern, die bei alleinerziehenden Müttern oder Witwen aufwachsen, schlecht? Und wo sind die Väter, wenn es darum geht, Verantwortung zu übernehmen und den Alltag mit einem Kind zu bewältigen?

Bei Frauen mit heterosexueller Vergangenheit zeigt sich, daß die Männer zum größten Teil wenig Interesse und Bereitschaft zeigen, nach der Trennung Erziehungsverantwortung zu übernehmen. Ali erzählt, daß ihre Kinder seit der Trennung vor sieben Jahren keinerlei Kontakt mehr zu ihrem Vater haben: »Sie haben ihren Vater nicht mehr gesehen, weil er es so wollte. Die Kinder wissen nicht mehr, wie ihr Vater aussieht und wo er lebt. Sie sind ihm schon auf der Straße begegnet, aber erkennen ihn nicht. Ich denke, das ist sehr traurig. Ich habe zwar meinen Weg als Ehefrau verlassen, dabei aber sichergestellt, daß sie immer Kontakt zu ihm haben könnten. Und er hat die Verantwortung einfach abgegeben und kümmert sich nicht um sie.«

Bestehende Kontakte sind oftmals negativ gefärbt, weil die wenigsten Ex-Ehemänner auf die lesbische Lebensweise ihrer Ex-Frauen positiv reagieren. Trotzdem bemühen sich die meisten Frauen, den Kontakt zwischen Kind und Vater aufrechtzuerhalten. Das Kind soll nicht unter der Trennung leiden und glauben, es habe seinen Vater verloren. Manche Männer, die mit der Tatsache, daß ihre Ex-Frau lesbisch ist, überhaupt nicht zu Rande kommen, fühlen sich jedoch bemüßigt, ihre vernichtende Kritik an die Kinder heranzutragen und die Mutter bei ihnen als Männerhasserin zu diskreditieren, was z.B. Adelaides Sohn sehr verunsicherte und das Mutter-Sohn Verhältnis lange Zeit stark belastete. Auch Drohungen wie: »Die Rechnung wird dir irgenwann noch präsentiert«, sind dann häufig an der Tagesordnung.

Trotz dieser extrem negativen Erfahrungen rücken viele betroffene Mütter in Gegenwart ihrer Kinder die Väter immer wieder in ein positives Licht und hoffen, daß die Kinder »es irgendwann selbst mitkriegen, wie ihr Vater wirklich ist«. (Dorothee)

Nur in wenigen Fällen gelingt es einem Paar, nach einer Trennung ein partnerschaftliches Verhältnis aufrechtzuerhalten, das auch die Alltagsbewältigung und Kinderbetreuung mit einschließt.

Lesben, die mit dem Vater ihres Kindes nie eine Liebesbeziehung hatten, brauchen demgegenüber weder das Scheitern einer Beziehung noch eine Trennung aufzuarbeiten. In den meisten Fällen sind hier Schwule die Väter, die sich bewußt zu einer Vaterschaft entschlossen haben. Dementsprechend betrachten sie den Kontakt zu Mutter und Kind meist als Selbstverständlichkeit. Die Erfahrung ist, daß sich die Männer über einen Zeitraum von vielen Jahren daran halten. Außerdem besteht die Möglichkeit, die Rechte und Pflichten der Vaterschaft gegenseitig auszuhandeln und schriftlich festzuhalten.

Es gibt Lesben und Lesbenpaare, die sich bewußt nach einem Vater und nicht nur nach einem Samenspender umgesehen haben – einem Mann, der bereit ist, sich mit der Vaterfunktion auseinanderzusetzen und auch Verantwortung zu übernehmen. Hierbei müssen beide Seiten aufeinander zugehen. Die Mütter müssen loslassen können, und die Väter bereit sein, sich bei der Betreuung und Erziehung zu beteiligen. Leonnie hat für eine Kontaktregelung zwischen dem Vater und den Kindern einen Vertrag aufgesetzt: »Darin haben wir ausgemacht, wenn wir das Gefühl hätten, daß er sich nicht genügend um die Kinder kümmerte, würden wir ihn darauf hinweisen. Umgekehrt kann er uns aufzeigen, wenn wir nicht genügend für den Kontakt tun. Wir werden das solange durchziehen, bis die Kinder alt genug sind, um alleine zu entscheiden, wann sie ihren Vater sehen wollen.«

»Väterliche« Eigenschaften können auch von anderen Personen repräsentiert werden, dazu ist nicht zwangsläufig der leibliche Vater nötig. In vielen »vaterlosen« Familien übernehmen Brüder, Onkel, Großväter oder gute Freunde die Rolle eines sozialen Vaters. Wichtig ist dabei, daß ihnen bewußt ist, das sie eine bedeutende Bezugsperson für das

Kind darstellen und es nicht enttäuschen sollten, indem sie sich plötzlich entziehen. Kinder suchen sich auch selbst ihre Bezugsperson, und nicht selten lebt diese im unmittelbaren Umfeld. So berichtet Shakti: »Zarah verbrachte immer sehr viel Zeit bei den Nachbarn. Schließlich stellte sich heraus, daß sie den Nachbarn als ihren Vater adoptieren wollte. Ihren leiblichen Vater hatte sie ja nie kennengelernt, nur hin und wieder mit ihm telefoniert. Sie wünschte sich jemanden, der mehr Anteilnahme zeigte, und sie meinte: ›Er mag mich, und ich mag ihn, warum soll er nicht mein Vater sein?‹.« Eine Lösung, die für alle Beteiligten zufriedenstellend sein kann. Die Mutter: »Das klappt ganz gut, ich habe jetzt auch mehr Zeit für mich, ohne viel zu organisieren. Sie haben ein Kind, was sie sich immer wünschten, und Zarah hat einen Vater, den sie immer wollte.«

Mütter und Väter sind ersetzbar durch Personen anderen oder gleichen Geschlechts. Wichtig dabei: Kinder brauchen Menschen, die Verantwortung übernehmen und sich an Betreuungs- und Versorgungsaufgaben beteiligen.

Die zweite lesbisch-schwule Generation

Es scheint, als stünden lesbisch-schwule Eltern der Möglichkeit, daß ihre Kinder ebenfalls homosexuell werden könnten, aufgeschlossener gegenüber als heterosexuelle Paare. Eindeutige Wünsche oder Vorstellungen in diese Richtung werden aber selten formuliert. Im Gegenteil. Sehr viele, insbesondere Eltern, die mit ihrer homosexuellen Identität Probleme haben, ziehen es sogar vor, ihre Kinder später in einer heterosexuellen Beziehung zu sehen.

Die Befürchtung, Kinder gleichgeschlechtlicher Eltern könnten später ebenfalls homosexuell werden, steckt leider auch oft in den Köpfen der lesbisch-schwulen Eltern. Diese

Angst hat oft vielerlei Gründe, entsteht jedoch hauptsächlich durch die Verinnerlichung eines Negativimages, das Homosexuellen ihr Leben lang wie ein Spiegel vorgehalten wird. Verständlicherweise wollen sie ihren Kindern solche Erfahrungen ersparen und nicht mitansehen müssen, wie sich die gleichen Mechanismen von Generation zu Generation wiederholen.

Manche lesbisch-schwule Eltern möchten auch belegen, daß sie genauso wie Heteros in der Lage sind, »normale« Kinder großzuziehen. Sie vollziehen damit eine innere Spaltung, müssen sie doch versuchen, einerseits ihre homosexuelle Identität zu bewahren und andererseits den gesellschaftlichen Normen zu entsprechen.

Anhand von Forschungsergebnissen läßt sich leicht belegen, daß sich Kinder aus homosexuellen Familien hinsichtlich ihrer Sexualität, ihrer Kontakte zum anderen Geschlecht, ihrer Freundschaften und ihrer Geschlechtsrollenidentität generell in keiner Weise von Kindern unterscheiden, die in heterosexuellen Familien aufwachsen (vgl. Green 1978; Mandel und Hotvedt 1980; Colombok u.a. 1983). Sie sind individuell genauso verschieden wie alle anderen Kinder auch. Es ist deshalb unsinnig zu behaupten, lesbisch-schwule Eltern würden ihre Kinder zur Homosexualität erziehen. Gerät man in eine solche Diskussion, sollte man den Spieß ruhig einmal umdrehen und seinen Gesprächspartner fragen, was er aus der Tatsache schließen würde, daß die Eltern von Homosexuellen in nahezu 100 Prozent der Fälle heterosexuell seien.

Kinder sind von Geburt an Individuen. Ihre Eltern sollten ihnen unabhängig davon, welche sexuelle Identität sie entwickeln mögen, die Unterstützung und das Vertrauen mit auf den Weg geben, die ihnen helfen, ein starkes Selbstbewußtsein zu entwickeln. Es ist wichtig, daß Kinder sich in sich selbst zu Hause fühlen und daß sie den Weg dorthin ohne viel Mühen erreichen. Lesbisch-schwule Eltern müssen, genauso wie alle anderen Eltern auch, lernen, ihre Kinder so zu akzeptieren, wie sie sind, und sollten Konflikte nicht von vorneherein auf ihre eigene homosexuelle Lebensweise zurückführen. Probleme haben oft ganz andere Ursachen, die sich in nichts von denen innerhalb eines heterosexuellen Umfeldes unterscheiden. Es ist keine Katastrophe, wenn Kinder »auffällig« werden – Kinder aus Heterofamilien werden es auch. Die Fähigkeit von Eltern, auf die Bedürfnisse ihres Kindes einzugehen und ihm bei Liebeskummer, schulischen oder anderen Problemen zu helfen, hat nichts mit der sexuellen Orientierung zu tun. Bei gravierenden Schwierigkeiten sollten sie gegebenenfalls ohne Skrupel die Hilfe von Erziehungsberatungsstellen in Anspruch nehmen – dafür sind sie ja schließlich da.

Und auch dann, wenn Kinder bei sich selbst tatsächlich homosexuelle Neigungen feststellen, sollten sie sich auf die Unterstützung und auf das Verständnis ihrer Eltern verlassen können, die wissen, daß nichts im Leben schwerer zu ertragen ist, als seine Identität auf Dauer zu verleugnen, und die sich wünschen, daß ihre Kinder es später leichter haben mögen als sie selbst es hatten.

Kinder, die sich zu Hause nicht ganz aufgehoben fühlen, äußern manchmal die Befürchtung, sie könnten ihre Eltern enttäuschen. Jennifer z.B. wartete wochenlang, ehe sie ihrer lesbischen Mutter erzählte, daß sie sich in eine Frau verliebt hätte. Sie war sich ganz und gar nicht sicher, ob ihre Mutter positiv reagieren würde, und behielt mit ihrer Einschätzung recht: »Das erste, was sie sagte, war: ›Was haben wir falsch gemacht?‹ Es klang wie ein Heterowitz, aber es war etwas Wahres dran.«

In dieser Situation kann ein offenes Gespräch, in dem die Eltern ihre Vorbehalte schildern, viel zur Lösung des Konflikts beitragen. Wenn sie sich noch einmal vor Augen führen, was sie alles erleiden mußten auf ihrem Weg zur homosexuellen Identität, können sie mit Recht stolz darauf sein, ihren Kindern diese Steine aus dem Weg geräumt zu haben. Sie selbst haben ihre Kinder zu Menschen erzogen, die ihre Wahlmöglichkeiten wahrnehmen, sich nicht in eine Norm pressen lassen und dies ganz bewußt als gesellschaftlichen Fortschritt wahrnehmen: »Wir haben die Chance, nicht genau da anzufangen, wo unsere Eltern anfingen. Gerade sie haben es erst möglich gemacht, daß ich ein glücklicher und auch stolzer Schwuler bin.«

Weitere Unterstützung finden lesbische und schwule Jugendliche über das bundesweite Netzwerk LAMBDA (Adresse im Anhang). Auch für die Eltern stehen Selbsthilfegruppen zur Verfügung. In der BRD wurde 1983 die erste Elterngruppe homosexueller Töchter und Söhne gegründet. Heute existieren über 20 dieser Gruppen, und eine Anlaufadresse läßt sich in jeder größeren Stadt finden (Adressen im Anhang). Lesbisch-schwule Eltern werden innerhalb dieser Gruppen sicherlich die Ausnahme darstellen.

Die neue Familie

Insbesondere Kinder, die vorher in einer traditionellen Kernfamilie aufwuchsen, brauchen meist viel Zeit, um sich an einen gleichgeschlechtlichen Partner des Elternteils zu gewöhnen. Oft sind sie eifersüchtig und sträuben sich, ihren Vater oder ihre Mutter mit einer fremden Person zu teilen. Sie fühlen sich ausgeschlossen und glauben, sie seien nicht mehr liebenswert. Vertraute Rituale werden unterbrochen oder finden nicht mehr statt, denn – so erzählt z.B. Robert – »als ihre Freundin dann neben ihr lag, konnte ich unmöglich sonntags noch ins Bett meiner Mutter schlüpfen«.

In die intime Nähe, die zwischen Mutter und Sohn aufgrund langjähriger Vertrautheit besteht, kann nicht einfach eine weitere Person einbezogen werden, schon gar nicht, wenn das Kind aus dem Kleinkindalter heraus ist und körperliche Nähe ohnehin nur noch zögerlich zulassen kann. Wer erinnert sich nicht daran, daß die Küsse der Eltern irgendwann einfach nur noch unangenehm feucht waren? Wenn man sich das bewußt macht, läßt sich auch ablehnendes Verhalten von seiten der Kinder leichter einordnen. Sie benötigen Freiräume, um sich auf eine fremde Person einzustellen, und oft entwickeln sich dann im Laufe des Zusammenlebens andere Rituale. Robert beispielsweise hat sich angewöhnt, sonntags das Frühstück zu machen. »Und wenn der Kaffeeduft sie nicht lockt, dann hole ich sie mit einem ›Guten Morgen‹ aus den Federn.«

Intensive Gespräche, die vorher zu zweit in der kuscheligen Wärme des Bettes geführt wurden, finden jetzt zu dritt am Küchentisch statt. Es ist wichtig, einen neuen Rahmen für alte Gewohnheiten zu finden, und diese nicht abzulegen, sondern aufrechtzuerhalten bzw. auszubauen.

Jugendliche haben aufgrund ihrer Sozialisation in der Regel bestimmte Vorstellungen, wie eine (ihre) Familie aussehen soll, und sie hatten viel Zeit, die gesellschaftlichen Vorurteile über Lesben und Schwule zu verinnerlichen. Es gehört viel Fingerspitzengefühl dazu, ihnen zu erklären, daß nicht alle Schwulen »nur so Sadomaso-Sachen machen.« Jugendliche müssen die Möglichkeit haben, sich mit dem Thema Homosexualität konkret auseinanderzusetzen, und dies gelingt am ehesten, wenn ihre Eltern offen mit ihrer Beziehung umgehen. So können Vorurteile und falsche Informationen langsam abgebaut werden. Das war auch bei Thomas der Fall, der sich immer über Schwule lustig gemacht hatte, weil er sie »so tuntig und irgendwie lächerlich« fand. »Aber eigentlich wußte ich gar nichts über Schwule. Das sind doch alles nur Geschichten vom Hörensagen. Und jetzt so mit meinem Vater, das ist schon was anderes. Mein Vater ist immer noch der zupackende Typ, wie ich ihn von klein auf kenne. Da hat sich nichts geändert. Aber ich erlebe ihn als viel zärtlicher. Zumindest ist er mit seinem Freund viel zärtlicher, als er es mit meiner Mutter je war. Deshalb denke ich auch, das wird das Richtige für ihn sein.«

Um den Kontakt mit heranwachsenden Kindern aufrechtzuerhalten, ist vor allem das Gespräch wichtig, denn Jugendliche wollen sich mitteilen und, wie Kathleen es ausdrückt, »auch ab und zu dem Herzen Luft machen. Ich mußte mich erst daran gewöhnen, auch in Gegenwart der Freundin meiner Mutter über meine Wehwehchen zu sprechen. Die erste Zeit habe ich lieber gar nichts gesagt, aber meine Mutter hat gleich geschnallt, woran das liegt, und hat sich öfter mit mir alleine zusammengesetzt. Das fand ich damals richtig gut. Heute nehme ich auch vor Ali kein Blatt mehr vor den Mund. Sie ist wie eine zweite Mutter und Freundin für mich geworden.«

Geheimniskrämerei und falsch verstandene Rücksichtnahme wirken hingegen meist kontraproduktiv, wie das Beispiel Shaktis und ihrer Tochter Zarah zeigt. Shakti wurde nach einem Wohnungswechsel von ihrer 12jährigen Tochter gebeten, ihre Homosexualität nicht offen zu zeigen. Weil sie glaubte, ihrer Tochter damit einen Gefallen zu tun, ließ sich die Mutter darauf ein. Sie erinnert sich: »Es war ein großer Fehler von uns, versteckt zu leben. Wir waren nach ca. einem halben Jahr nur noch frustriert. Für mich war es ungeheuer schwierig, meine Gefühle sogar in den eigenen vier Wänden meiner Freundin gegenüber zu kontrollieren. Brachte meine Tochter Freunde mit, durfte meine Freundin plötzlich nur noch eine Bekannte sein.« Auch Zarah hat die Zeit des »Versteckspielens« in schlechter Erinnerung behalten: »Meine Mutter verhielt sich fast wie eine Aufziehpuppe. Vorher waren wir immer lustig, spontan und oft sehr albern. Ich habe das in der Zeit sehr vermißt.« Heimlichtuerei erzeugt Streß und fördert Spannungen innerhalb des Familienlebens.

Kinder und Jugendliche sind schnell verletzt, wenn ihre Bedürfnisse nicht ernst genommen werden, und reagieren launisch oder aggressiv, wenn ihnen nicht genügend Aufmerksamkeit geschenkt wird. »Zuerst war ich total genervt«, erinnert sich Cecil, »immer, wenn ich nach Hause kam, dieses Geturtele. Nach einiger Zeit merkte ich aber, daß mein Pa total locker und happy drauf war. Richtig glücklich. Und das konnte für mich nur positiv sein.« Lauren hat ähnliche Erfahrungen gemacht, darunter auch die, daß sich an der Beziehung zwischen ihr und ihrer Mutter nichts geändert hat: »In erster Linie ist und bleibt sie meine Mutter, zu der ich mit allen Sorgen und Nöten hingehen kann – aber auch mit meiner Freude. Sie ist eine Ratgeberin. Und, daß sie jetzt lesbisch ist, ist eine andere Sache, und wenn es sie glücklich macht, um so besser. Nie vorher sah ich sie so oft lachen.«

Mike empfindet es als einen Vorteil, daß seine Mutter lesbisch ist, weil »ich mit ihr über Mädchen reden kann«. Die Partnerin seiner Mutter ist für ihn wie eine große Freundin. »Mit ihr mache ich Sachen, wozu meine Mama keine Lust hat oder die sie, glaube ich, gar nicht kann. Aber, das macht nichts, zum Schlittschuhlaufen kommt immer Anja mit.«

So locker kann das Zusammenleben sein.

Wie sehen Kinder ihre Familie?

Viele Kinder, die in lesbisch-schwulen Haushalten leben, haben aufgrund vergangener Erfahrungen mit der heterosexuellen Partnerschaft ihrer Eltern Vergleichsmöglichkeiten. Die meisten dieser Kinder empfinden ihr Leben mit zwei Frauen oder zwei Männern als harmonischer und ruhiger als vorher. Auffallend häufig erwähnen sie, wie sehr alle Familienmitglieder füreinander da seien. Sie sind durchweg froh darüber, daß es Mutter oder Vater in der neuen Beziehung gut geht.

Andere Kinder haben Vergleichsmöglichkeiten durch Freunde, die in einer Heterofamilie leben. Oftmals werden sie dort mit für sie unverständlichen, manchmal belastenden Situationen konfrontiert. Jedesmal, »wenn der Vater nach Hause kommt«, verändere sich die Atmosphäre im Hause des Freundes, erzählt Erik. »Vorher saßen wir zusammen und haben mit seiner Mutter geklönt, und kaum steht der Vater in der Tür, werden alle hektisch und nervös.«

Es spricht einiges dafür, daß Kinder in offen lesbisch-schwul lebenden Familien zu sehr selbstbewußten und freidenkenden Persönlichkeiten heranwachsen können. Kathleen z.B. ist mit ihrer Familie rundum zufrieden: »Ich liebe meine Familie und die Freiheiten und Möglichkeiten, die sie mir immer geboten haben. Ich bin sehr glücklich, eine so liebevolle Familie um mich zu haben, die mich mein Leben leben läßt. Ich kann einfach ich sein.« Lesbische oder schwule Eltern versuchen ihren Kindern meist den Freiraum zu lassen, den sie auch für sich von der Gesellschaft erwarten.

Das Familienleben spielt für die Kinder eine große Rolle. Nach einer Eingewöhnungszeit wird der Freund des Vaters oder die Freundin der Mutter meist als »Familienzuwachs« akzeptiert: »Seitdem Bob bei uns wohnt, unternehmen wir viel mehr zusammen. Vorher war auch so wenig Zeit, weil alles an Papa hängenblieb. Na ja, wir haben schon etwas geholfen, aber jetzt klappt es besser. Mein Vater ist auch ruhiger geworden.« (Tim)

So verschieden die Menschen, die in einer lesbisch-schwulen Familie zusammenleben, sind, so unterschiedlich handhaben sie auch die Erziehung ihrer Kinder. Dennoch haben die meisten Kinder aus diesen Familien eines gemeinsam: Sie verhalten sich äußerst offen gegenüber Andersdenkenden und äußern sich sehr tolerant über die Themen Sexualität, Liebe und Elternschaft. Ihrer Ansicht nach können sowohl zwei Mütter, als auch zwei Väter oder Mutter und Vater eine Elternschaft übernehmen. Diese Kinder wissen: »Du brauchst Erwachsene, die dich lieben und für dich sorgen. Und ob du sie nun Vater, Mutter oder beim Vornamen nennst, ist doch egal.« (Ruben)

Allerdings sind »Mutter« und »Vater«, wie es eine Frau treffend formulierte, auch »Titel, die dir deine Position zuschreiben«. Diese Positionierung bleibt unsichtbar, wenn die Eltern beim Vornamen genannt werden. Bringt Angelina Freunde mit nach Hause, stellt sie die Lebenspartnerin ihrer Mutter so vor: »Das ist Kerstin, und die lebt mit meiner Mutter«. Die Beziehung zwischen den beiden Frauen wird deutlich, die zwischen Angelina und Kerstin fällt dabei aber unter den Tisch.

Die meisten Kinder aus lesbisch-schwulen Familien haben keine Schwierigkeiten, sich mit ihren Eltern in der Öffentlichkeit zu bewegen. Die meisten Probleme entstehen erst, wenn die Umgebung negativ auf diese Konstellation reagiert. Erst durch die Umwelt werden die Kinder überhaupt darauf aufmerksam gemacht, daß ihre Eltern außerhalb der heterosexuellen Norm leben. Ruben hat deshalb eine Strategie entwickelt, die ihm hilft, mit solchen Situationen fertigzuwerden: »Ich sehe schon, wie manche Leute gucken, weil zwei Frauen umarmt auf der Straße gehen. Aber ehrlich, die interessieren mich nicht. Wichtig ist, das es uns gut geht. Ich mache mir einen Spaß daraus, diese Leute auch anzustarren. Meistens sind sie davon ganz verunsichert, und mich freut das dann total. Vielleicht kriegen sie dadurch ein Gefühl dafür, wie das ist, so angeglotzt zu werden.«

Auf die Frage, ob Erik es nicht merkwürdig findet, zwei Mütter zu haben, antwortete er: »Diese Welt ist merkwürdig. Schlägt ein Mann eine Frau auf offener Straße zusammen, gucken alle weg. Sie wollen nichts damit zu tun haben. Laufen Lesben oder Schwule Hand in Hand und zeigen, daß sie sich lieben, sind die Leute entsetzt und empören sich.«

Eltern, die mit ihren Kindern offen und ehrlich über Gefühle sprechen und ihnen zeigen, daß sie sich mit ihrer Homosexualität wohl und in ihrer Rolle als Eltern sicher fühlen, bringen die besten Voraussetzungen mit, ebenso selbstbewußte Kinder wie Erik und Ruben großzuziehen.

Kontakte zu Gleichaltrigen

Kinder aus lesbisch-schwulen Familien haben meist gute Kontakte zu Gleichaltrigen. Sie stehen oft im Mittelpunkt, werden zu Klassensprechern gewählt, sind Vertrauensleute und diejenigen, die Feste organisieren. Zahlreiche Freunde gehen bei ihnen ein und aus, weil sie den unkonventionellen Lebensstil, den sie in lesbisch-schwulen Haushalten kennenlernen, schätzen. Kathleen erzählt: »Bei uns zu Hause ist immer was los, und wir haben immer die Bude voll. Alle wollen am liebsten mit zu uns, weil du bei denen zu Hause nicht mal laut lachen darfst. Bei uns ist alles viel lockerer, auch wenn wir ab und zu eins aufs Dach kriegen.«

Einige Kinder sprechen nur mit guten Freunden über die Homosexualität ihrer Eltern oder dann, wenn sie direkt danach gefragt werden. Ihre Freunde suchen sie sich im übrigen ganz genau aus. Die, die über sie nur »dummes Zeug reden« oder lachen, lassen sie links liegen: »Meine guten Freunde ziehen nicht über meine Familie her. Im Gegenteil, die finden es ganz spannend, wie ich lebe, und kommen gerne zu mir nach Hause.«

Kinder lernen, sich auch auf ablehnende Reaktionen einzustellen und ihr Verhalten entsprechend zu ändern. Tim, der noch mit acht Jahren jedem erzählte, daß sein Vater schwul ist, überlegt sich heute genau, wann es angebracht ist, darüber zu reden: »Allen Leuten muß ich es nicht auf die Nase binden. Aber die, die mir wichtig sind, denen erzähle ich es. Und da gibt es auch keine Probleme.« Kinder machen hier ähnliche Erfahrungen wie Erwachsene.

Kinder aus homosexuellen Haushalten halten sich oft selbst für sehr tolerant und offen. So ist Pet davon überzeugt, daß er allen Dingen sehr aufgeschlossen gegenübersteht: »Ich bin derjenige aus der Clique, zu dem jeder mit seinen Problemen hingeht. Ich denke, die wissen, daß ich nicht hinter ihrem Rücken über sie herziehe. Hinzu kommt, daß ich zu vielen Dingen etwas sagen kann. Bei mir zu Hause reden wir über alles.«

Als aufgeklärter Jugendlicher mit stabilem Elternhaus ist Pet auch in der Lage, anderen mit Rat und Tat zur Seite zu stehen, z.B. einer Freundin, die sich in eine Klassenkameradin verliebt hatte, und der er riet:« Triff dich mit ihr und genieße es.«

Nicht alle Freunde reagieren jedoch positiv, wenn sie über das Elternhaus ihrer Spiel- und Schulkameraden Bescheid wissen. Meist stehen diese Freunde unter dem Einfluß ihrer eigenen Eltern, die ihnen in manchen Fällen sogar den Kontakt zu homosexuellen Familien verbieten.

Den befreundeten Kindern selbst bleibt solche Rigorosität meist unverständlich. Claudia hat diese schmerzhafte Erfahrung einmal machen müssen und geht seitdem nur noch sehr vorsichtig auf andere Kinder zu, »weil ich nicht weiß, was die so denken«. Deshalb bringt sie auch »nicht so gerne Freunde mit nach Hause, obwohl meine Mutter jetzt nur noch in ihrem Zimmer Lesbenplakate hängen hat. Aber wer weiß, was die sich denken. Ich habe immer ein komisches Gefühl und besuche lieber andere«.

Doch Kinder erleben auch angenehme Überraschungen.

Beth erzählte anfangs nur sehr zurückhaltend von ihrer lesbischen Mutter, bis sie merkte, daß mehrere Kinder aus ihrer Klasse Kontakt zu Lesben oder Schwulen hatten. »Entweder war es eine lesbische Tante oder die Cousine. Manchmal hatte ich schon das Gefühl, es ist nichts Ungewöhnliches.«

Dies ist ein wichtiger Punkt. Je mehr Menschen sich offen über ihre Familienstruktur unterhalten, desto schneller kann die Isolation lesbisch-schwuler Famlien durchbrochen werden. Viele homosexuelle Familien wissen gar nichts voneinander und sind ganz überrascht, wenn in ihrer Nähe ebenfalls ein gleichgeschlechtlicher Haushalt existiert. Kathleen ist es so ergangen. Ein Mädchen fragte sie: »Lebst du mit deinen Eltern?« »Nein, mit meiner Mutter.« »Ach, hat sie einen Freund?« »Nein, aber eine Freundin, und die lebt mit uns zusammen.« »Ist ja irre, meine Mutter ist auch lesbisch.«

Unterstützung brauchen Kinder aus lesbisch-schwulen Familien nicht nur von ihren Eltern, sondern auch von Kindern in ähnlicher Situation. In den USA existieren aus diesem Grund außer den zahlreichen lesbisch-schwulen Elterngruppen auch Gruppen für deren Kinder. In Deutschland ist es diesbezüglich leider noch nicht soweit.

Ein Blick auf die Forschung

Die landläufige Meinung ist, daß das Aufwachsen mit homosexuellen Eltern negative Auswirkungen auf die Kinder habe. Lesben und Schwule mit Kindern werden dadurch immer wieder in Verteidigungspositionen gedrängt. Ständig müssen sie belegen, daß ihre Kinder nicht in einem gefährdeten Milieu aufwachsen. Die zur Zeit wohl einzige Möglichkeit, Vorurteile abzubauen bzw. eindeutig zu widerlegen, ist der Rückgriff auf Forschungsergebnisse über Kinder in lesbisch-schwulen Haushalten.

Im deutschsprachigen Raum existieren keine wissenschaftlichen Untersuchungen zu diesem Thema. Leider müssen wir unseren Blick wieder einmal auf den angloamerikanischen Sprachraum richten. Dort existieren ca. 50 Untersuchungen über gleichgeschlechtliche Elternschaft und deren Auswirkungen auf die Kinder. Die Untersuchungsergebnisse sind allerdings schwer zugänglich, und in den seltensten Fällen sind sie ins Deutsche übersetzt. Die mögliche Hilfestellung und Unterstützung, die in diesen Veröffentlichungen steckt, kommt deshalb nur wenigen zugute. Auch die leichter zugänglichen Medien bieten für lesbische und schwule Elternpaare nur wenig Orientierung. Während heterosexuelle Eltern sich nicht nur in unzähligen Sachbüchern und TV Sendungen wie in zahlreichen Printmedien mit ihren Erziehungsproblemen wiederfinden, können lesbisch-schwule Eltern auf Vergleichbares nicht zurückgreifen. Zumindest nicht im deutschsprachigen Raum. So bleiben Lesben und Schwule mit ihren Ängsten und Unsicherheiten in bezug auf das in aller Munde geführte Kindeswohl überwiegend auf sich gestellt. Wir werfen deshalb einen Blick auf die Forschungsliteratur, um zunächst zu klären, ob die Lebensform gleichgeschlechtlicher Eltern negative Auswirkungen auf die Kinder hat. In einigen Studien standen Kinder und Jugendliche im Mittelpunkt, die entweder mit einer lesbischen Mutter, einem schwulen Vater, einem transsexuellen Elternteil oder einem lesbisch-schwulen Paar zusammenlebten. Als Kontrollgruppe wurden Kinder aus heterosexuellen Zusammenhängen herangezogen. In anderen Untersuchungen wurde das Erziehungsverhalten lesbischer Mütter und schwuler Väter sowie die psychosoziale Entwicklung der Kinder beleuchtet. Auszugsweise sollen hier einige Studien vorgestellt werden. Green (1978) untersuchte 37 Kinder im Alter von 3 bis 20 Jahren bzw. einem bis 16 Jahren, die bei lesbischen oder transsexuellen Eltern aufwuchsen. Im Mittelpunkt stand die Entwicklung der sexuellen Identität der Kinder. 21 Kinder lebten bei Lesben, neun bei Frau-zu-Mann Transsexuellen und sieben bei Mann-zu-Frau Transsexuellen. Fast alle Kinder wußten über die nichtkonforme sexuelle Orientierung ihrer Eltern Bescheid.

Die sexuelle Identität wird hier von Green als ein Zusammenspiel von drei Komponenten definiert:

1. die Selbstwahrnehmung der körperlichen Identität als weiblich oder männlich
2. das Geschlechtsrollenverhalten (das Herausbilden stereotyper Verhaltensweisen)
3. die Orientierung in bezug auf Sexualpartner (Bevorzugung von Frauen, Männern oder beiden)

Die sexuelle Identität der jüngeren Kinder wurde unter anderem anhand der Vorlieben für Spielzeug und Spiele gemessen. Des weiteren wurde das Augenmerk auf die Zusammensetzung der Freundesgruppe (in der Regel ist sie bei Schulkindern gleichgeschlechtlich), ihre bevorzugte Kleidung, ihre Position beim Rollenspiel und ihre Berufswünsche gerichtet. Die sexuelle Identität von Jugendlichen wurde auf der Basis von Informationen über Verliebtheiten, erotische Phantasien und ihr Sexualverhalten bestimmt. Green stellte fest, weder Kinder mit transsexuellen Eltern noch mit lesbischen Müttern unterscheiden sich hinsichtlich ihrer sexuellen Identität von Kindern, die in konventionellen Haushalten aufwachsen.

Kentler (1989) verweist auf die Tatsache, daß gerade bei Transsexuellen sichtbar werden müßte, inwieweit Kinder von der sexuellen Identität und Orientierung der Eltern beeinflußt werden. Diese Kinder erlebten hautnah die Geschlechtsumwandlung eines Elternteils (von Mutter zu Vater bzw. umgekehrt). Dieses hat sie jedoch in keiner Weise im Hinblick auf die Entwicklung ihrer sexuellen Identität irritiert (S. 130).

Mandel und Hotvedt (1980) untersuchten die psychosoziale Entwicklung von Kindern im Alter zwischen drei und elf Jahren. Entweder lebten sie mit ihrer lesbischen oder aber mit ihrer heterosexuellen alleinstehenden Mutter zusammen. Dabei wurde auch das Erziehungsverhalten der Mütter genau unter die Lupe genommen. Die Mütter wurden über ihre elterlichen Erfahrungen, ihre eigene Erziehung, ihre Freundschaftsbeziehungen, Einstellung zu Geschlechtsrollen und Disziplinierungsmaßnahmen befragt. Die Kinder wurden über ihre Vorliebe bei Spielen, Freundschaftsbeziehungen, ihr Fernsehverhalten und ihre in die Zukunft gerichteten Gedanken interviewt. Die Ergebnisse zeigen, daß keine gravierenden Unterschiede zwischen den Kindern hinsichtlich ihrer Freundschaftsbeziehungen, ihrer sexuellen Identität und ihrer Kontakte zu Männern existieren.

In der Untersuchung von Colombok u.a. (1983) wurden 37 schulpflichtige Kinder, die mit ihren lesbischen Müttern aufwuchsen, mit 38 schulpflichtigen Kindern verglichen, die bei einer alleinerziehenden heterosexuellen Mutter lebten. Außerdem wurde das Verhalten der Mütter gegenüber den Kindern verglichen. Die beiden Kindergruppen unterschieden sich weder in ihrer Geschlechtsrollenidentität, noch in ihrem Rollenverhalten oder ihrer sexuellen Orientierung. Durch Beobachtungen kamen die Autorinnen zu der Aussage, daß die Kinder sich nicht generell in ihrem Verhalten bzw. ihren Gefühlen und Beziehungen unterschieden. Colombok und die anderen AutorInnen ziehen aus ihrer Untersuchung den Schluß, daß Erziehung in einem lesbischen Haushalt weder einen psychischen Risikofaktor für die Kinder darstellt noch, daß die Kinder zur Homosexualität erzogen werden.

Egal, welche Studie wir zu Rate ziehen, im Endergebnis

kommen alle zu der gleichen Erkenntnis: Kinder mit gleichgeschlechtlichen Eltern zeigen eindeutig keine Verunsicherungen in bezug auf ihre Geschlechtsidentität und ihr Rollenverhalten. Hinsichtlich ihrer Gefühle, Beziehungen, ihres Verhaltens und ihrer Persönlichkeitsentwicklung unterscheiden sie sich nicht von Kindern heterosexueller Eltern. Da in den Studien meistens nach Anhaltspunkten für den Beweis eines negativen Einflusses gesucht wird, finden andere Erkenntnisse wenig Beachtung. Daß Kinder mit lesbisch-schwulen Eltern oftmals ein sozialeres Verhalten zeigen und Randgruppen gegenüber toleranter sind als Kinder heterosexueller Eltern, wird allenfalls am Rande erwähnt. Auch wenn die Untersuchungen im wesentlichen dazu beitragen können, das allgemeine Negativimage über das Aufwachsen in gleichgeschlechtlichen Haushalten zu revidieren, sind sie im Hinblick auf ihr methodisches Vorgehen kritisch zu beleuchten. So wird in diesen Untersuchungen immer davon ausgegangen, daß der Erwerb einer gesicherten Geschlechtsidentität daran meßbar sei, daß die Mädchen und Jungen sich entsprechend der gesellschaftlichen Erwartungen »typisch« weiblich oder männlich verhielten. Wenn sie diesen stereotypen Vorstellungen genügen, scheint auch das Aufwachsen mit lesbischen Müttern oder schwulen Vätern kein Problem. Außerdem ist die diesen Untersuchungen inhärente Auffassung nicht haltbar, daß Kinder in bezug auf ihre Fähig- und Fertigkeiten sowie ihre Meinung und Einstellungen in erster Linie innerhalb ihrer Familie geprägt werden.

Andere Studien belegen die Erfahrungen vieler Eltern, daß ihre Kinder sie nicht unhinterfragt als Rollenvorbild wahrnehmen. Vielmehr haben die Einflüsse anderer Faktoren, wie Freundesgruppen, Medien, Kontakt zu anders Denkenden und Lebenden und der Zugang zum öffentlichen Leben, große Bedeutung.

Zusammenfassung

- Bei Kindern mit lesbischen Müttern oder schwulen Vätern lassen sich keine negativen Auswirkungen feststellen, die auf den Lebensstil oder die sexuelle Orientierung der Eltern zurückzuführen sind.
- Kinder aus homosexuellen Haushalten unterscheiden sich in bezug auf ihre sexuelle Identität nicht von Kindern, die in heterosexuellen Familien groß werden. Sie wissen ganz genau, ob sie ein Mädchen oder ein Junge sind, und sie werden auch nicht zur Homosexualität erzogen.
- Kinder mit einer lesbischen Mutter oder einem schwulen Vater sind anders Denkenden und Lebenden gegenüber oft toleranter als Kinder aus heterosexuellen Haushalten.
- Je offener und positiver die Einstellung der Mutter oder des Vaters zur eigenen Homosexualtiät ist, desto selbstbewußter können sich die Kinder mit Diskriminierungen auseinandersetzen, ja, desto weniger werden sie mit Diskriminierung konfrontiert.
- Das Aufwachsen in einer lesbisch-schwulen Familie stellt für ein Kind in keiner Weise einen psychischen Risikofaktor dar.
- Es ist ein Vorurteil zu glauben, Kinder mit homosexuellen Eltern würden von ihrem heterosexuellen Umfeld isoliert. Lesbisch-schwule Familien leben nicht in einem Lesben- oder Schwulenghetto und pflegen sowohl Kontakte zu Frauen als auch zu Männern.
- Es ist ebenso ein Vorurteil anzunehmen, Lesben und Schwule seien beziehungsunfähig, hätten ständig wechselnde Partner und könnten ihren Kindern keinen stabilen familiären Rahmen bieten. Das Zusammenleben homosexueller Familien ist genauso auf Dauer angelegt wie das heterosexueller Familien.

Es ist erstaunlich, wie oft noch immer die Auffassung vertreten wird, Kinder würden ausschließlich von ihrer Familie geprägt. Es ist jedoch ein Trugschluß zu glauben, sie seien lediglich Erziehungsprodukte ihrer Eltern. Kinder entwickeln ihre Meinungen und Einstellungen oft gerade durch Rebellion gegen ihr Elternhaus, und so ist es nicht erstaunlich, daß die Sprößlinge lesbisch-schwuler Familien häufig sehr bürgerliche Träume von Ehe, Kindern und dem Häuschen im Grünen haben. Dennoch machen sie sich deshalb nicht die ablehnende Haltung der Gesellschaft gegenüber der Homosexualität als solcher zu eigen. Je offensiver ihre Eltern sich zu ihrem Lesbisch- oder Schwulsein bekennen und es als »eine Art zu leben« betrachten, desto mehr Achtung erwerben sie sich auch von ihren Kindern, wie u.a. Pet bestätigte: »Ich würde keine andere Kindheit haben wollen. Dieses Kämpfen um Akzeptanz, welches ich bei meinem Vater beobachtet und miterlebt habe, hat mir sehr viel Power gegeben. Ich habe einen starken Blick für die Realität gewonnen und denke, ich bin auf alles vorbereitet, was das Leben so zu bieten hat.«

Ausblick

Die meisten Menschen in unserer Gesellschaft werden im Alltag fast ausschließlich mit heterosexuellen Lebensweisen konfrontiert. Im Kindergarten, später in der Schule, in den Medien und nicht zuletzt in der Werbung wird Liebe und Sexualität zwischen Frau und Mann als selbstverständliche, allein erstrebenswerte und gültige Lebensform vermittelt.

Seit Anfang der 90er Jahre beginnen sich jedoch Veränderungen abzuzeichnen. Alternative Familienstrukturen – und damit auch die lesbisch-schwule Lebensweise – werden zunehmend toleriert. Homosexuelle Familien zeigen sich selbstbewußter in der Öffentlichkeit und hinterfragen Vorurteile, die Institutionen, Schulen und Kirchen gegen sie vorbringen.

Die meisten Probleme, mit denen homosexuelle Familien zu kämpfen haben, werden von außen an sie herangetragen. Ignoranz, sozialer Druck und Nichtanerkennung vor den Behörden sind hier in erster Linie zu nennen. Zeigen Eltern ihre lesbisch-schwule Lebensweise offen, müssen sie mit Verunglimpfung und Diskriminierung rechnen, haben jedoch zumindest die Chance, sich offensiv damit auseinanderzusetzen. Verschweigen sie hingegen ihre homosexuelle Identität, können sie zwar nicht direkt diffamiert werden, verlagern dafür jedoch den Konflikt in das Innere der Familie hinein. In dieser Lage kann nur zu einem beherzten Sprung ins kalte Wasser geraten werden – in ein nach außen hin deutlich sichtbares lesbisches bzw. schwules Leben.

Der selbstbewußte Umgang mit der eigenen Lebensweise ist nicht nur hilfreich, in den meisten Fällen führt er auch zu positiven Reaktionen der Umwelt. Je selbstverständlicher und selbstbewußter sich homosexuelle Eltern in der Öffentlichkeit bewegen, desto weniger Raum lassen sie anderen, sie auszugrenzen und zu diskriminieren. Um repressiven Verhaltensweisen entgegenzuwirken, muß gerade das Positive dieses Lebensentwurfs sichtbar werden.

Es leben mehr Lesben und Schwule mit Kinderwunsch in dieser Gesellschaft, als gemeinhin angenommen wird, und man kann davon ausgehen, daß die Anzahl der Kinder, die in diese Lebensform hineingeboren werden, in Zukunft steigen wird. Allein schon aus diesem Grund ist zu hoffen, daß sich eine starke Lobby für homosexuelle Familien bilden wird, die dazu beitragen kann, lesbisch-schwulen Eltern den immensen Druck von den Schultern zu nehmen, dem sie Tag für Tag standhalten müssen.

Das Leben, das homosexuelle Paare mit ihren Kindern führen, unterscheidet sich in vielen Fällen kaum von dem heterosexueller Familien. Der gravierende Unterschied zwischen lesbisch-schwulen und heterosexuellen Eltern besteht jedoch darin, daß heterosexuelle Eltern sich für ihre Lebensform nicht verteidigen oder rechtfertigen müssen.

Daher ist es eine enorme Leistung, wenn es gleichgeschlechtlichen Eltern gelingt, ihren Kindern ein stabiles Zuhause zu bieten und sie zu selbstbewußten Menschen zu erziehen.

Grundsätzlich hat weder die sexuelle Orientierung noch die sexuelle Lebenspraxis Einfluß auf die pädagogischen Fähigkeiten von Menschen, seien sie nun homo- oder heterosexuell. Jeder, der mit Kindern umgeht, muß sich pädagogische Kompetenz erst erarbeiten.

Eltern, die in einer lesbisch-schwulen Konstellation leben, sind als Außenseiter dieser Gesellschaft zugleich Kontrahenten des bürgerlichen Familienideals. Sie machen sich frei von geschlechtstypischen Rollen und tragen so dazu bei, daß neue Beziehungsstrukturen und Wertesysteme entstehen, die sich wiederum positiv auf ihre Kinder auswirken.

Wenn Kinder eine gewisse Stabilität entwickelt haben und sich in ihrem familiären Umfeld aufgehoben fühlen, lassen sie sich von anderen Kindern oder Erwachsenen kaum wegen ihres Zuhauses verunsichern. Auch die weit verbreitete Ansicht, das Aufwachsen in lesbisch-schwulen Haushalten hätte einen negativen Einfluß auf die Kinder, wird weder von den Betroffenen selbst noch von soziologischen Untersuchungen bestätigt. Versuchen, Kinder zu ihrem »eigenen Wohl«, von lesbischen Müttern zu entfernen, ist deshalb energisch entgegenzutreten. Immerhin konnten sich in den letzten Jahren bereits einige Frauen bei Sorgerechtsentscheidungen durchsetzen.

Lesben und Schwule, die sich Kinder wünschen, finden leider so gut wie keine Unterstützung. Zudem sind homosexuelle Eltern weder gesellschaftlich noch rechtlich abgesichert.

Gesellschaftliche Institutionen sind deshalb gefordert, ihren Teil zur Aufwertung der lesbisch-schwulen Lebensweise beizutragen. Dazu gehört auch, die homosexuelle Familie gleichberechtigt neben der heterosexuellen zu etablieren. Lesbisch-schwule Eltern benötigen keine Toleranz, sondern Anerkennung.

Politisch gesehen, geht es für Homosexuelle heute in erster Linie darum, durch eine offensive Vertretung ihrer Interessen das gesellschaftliche Klima zu ihren Gunsten zu beeinflussen. Es muß möglich werden, daß Lesben und Schwule, ob mit Kindern oder nicht, sich überall offen zu ihrer Lebensweise bekennen können, gesellschaftlich anerkannt und öffentlich nicht mehr diffamiert werden. Die lesbisch-schwule Lebensform mit Kindern braucht darüber hinaus einen rechtlichen Rahmen, der formale Sicherheit

Absender:

Name

Vorname

Straße

PLZ, Ort

Damit wir Sie regelmäßig mit Informationen versorgen können, erlauben wir uns, Ihre Angaben elektronisch zu speichern.

Postkarte

An den
Campus Verlag
Werbeabteilung
Heerstraße 149

60488 Frankfurt am Main

bietet und Erleichterungen verschafft, die für traditionelle Familien ganz selbstverständlich sind.

Erste zaghafte Schritte zu einer Veränderung haben die Bundesländer Brandenburg und Thüringen unternommen. Hier wurde in der jeweiligen Landesverfassung der Schutz vor Diskriminierung für Lesben und Schwule verankert.

Vor allem jedoch gilt: »Lassen wir uns nicht länger totschweigen – reden wir uns lebendig«, (Reinberg/Roßbach 1989, 245) oder Lets talk about it!

Anhang

Anlaufadressen für lesbische Mütter und schwule Väter (Auswahl)*

BRD (Vorwahl: 0049)

Lesbische Mütter

10783 Berlin: Lesbenberatung, Kulmerstraße 20a, Tel.: 030/2152000

20357 Hamburg: Intervention e.V., Mathildenstraße 4, Tel.: 040/245002

34121 Kassel: Pro Familia, Frankfurter Straße 133a, Tel.: 0561/27413

50667 Köln: Checkpoint, Informations- und Servicezentrum für Lesben und Schwule, Pipinstraße 7

Schwule Väter

10777 Berlin: Mann-O-Meter, Motzstraße 5, Tel.: 030/2168008

28203 Bremen: Rat und Tat-Zentrum, Theodor Körner-Straße 1, Tel.: 0421/701170

* Da Adressen und Anschriften sich sehr schnell ändern können, kann keine Gewähr für die Richtigkeit der Angaben übernommen werden.

06108 Halle: BBZ »lebensart« e.V., Joliot-Curie-Platz 29/30

22303 Hamburg: Magnus Hirschfeld Centrum, Borgweg 8, Tel.: 040/2790069

Österreich (Vorwahl: 0043)

4010 Linz: Lesbische und schwule Aktionsgruppe, Postfach 160, Tel.: 0732/792160

1093 Wien: Lesben-und Schwulenforum, Postfach 53, Tel./Fax: 01/3198033

5020 Salzburg: Hosi-Zentrum, Müllner Hauptstraße 11, Tel.: 0662/435927

Schweiz (Vorwahl: 0041)

4021 Basel: Verein Lesbeninitiative Basel, LIBS, Postfach 355

8005 Zürich: Autonomes Frauenzentrum, Mattengasse 27

USA (Vorwahl: 001)

Washington, D.C. 20091: LOH PCI Network, P.O. Box 50360, Tel.: 202/583-80 29

Adressen von Dachverbänden und Lobbies

BRD (Vorwahl: 0049)

10245 Berlin: BVH – Bundesverband Homosexualität e.V, Boxhagener Straße 76-78, Tel.: 030/5818306

10999 Berlin: Alternative Schwule Berlin. Bündnis 90/Die Grünen, Oranienstraße 25

10178 Berlin: TWO-IN-ONE Lesben und Schwulengruppe bei der PDS, Karl-Liebknecht-Haus, Kleine Alexanderstraße 28

10969 Berlin: Referat für gleichgeschlechtliche Lebensweisen, Senatsverwaltung für Jugend und Familie, Alte Jacobstraße 12, Tel.: 030/ 2654- 4243

53113 Bonn: Feministische Partei DIE FRAUEN, Bonner Talweg 55, Tel.: 0228/262064

53113 Bonn: Lesbenring e.V., Bonner Talweg 55, Tel.: 0228/241357

60316 Frankfurt: Schwusos – Arbeitskreis schwuler und lesbischer SozialdemokratInnen, Bundesvorstand c/o Christian Sinn, Königswarter Straße 4

50676 Köln: SVD- Schwulenverband in Deutschland e.V., Thieboldsgasse 79, Tel.: 0221/2403111

80469 München: Rosa Liste München e.V. c/o SUB, Müllerstraße 44

42107 Wuppertal: JungdemokratInnen Landesverband NRW, Kieler Straße 29c

Österreich (Vorwahl: 0043)

8010 Graz: Sachbearbeiter für schwul/lesbische Lebensweisen, Alternativreferat ÖH, Schubertstraße 2-4, Tel.: 0316/321490/24

1020 Wien: HOSI – Homosexuelle Initiative, Novaragasse 40, Tel.: 01/2166604

1093 Wien: Österr. Lesben- und Schwulenforum, Postfach 53, Tel./Fax: 01/3198033

1090 Wien: Rosa Liste – Schwule politische Partei, Nußgasse 10

1090 Wien: Mitarbeiter für LesBiSchwule Angelegenheiten, Sozialreferat im ZA/ÖH, Lichtensteinstraße 13, Tel.: 01/3108880/26

Schweiz (Vorwahl: 0041)

4009 Basel: LOS – Lesbenorganisation Schweiz, Postfach 73

3007 Bern: Pink Cross, Zinggstrasse 16, Tel.: 031/3723300

Anlaufadressen lesbisch-schwuler Arbeitskreise, die sich für eine Gleichstellung am Arbeitsplatz einsetzen (Auswahl)

BRD (Vorwahl: 0049)

10713 Berlin: Arbeitskreis Homosexualität in der ÖTV, c/o K. Timm, Brandenburgische Straße 83, Tel.: 030/8612512

10787 Berlin: Arbeitskreis homosexueller Frauen und Männer in der HBV, Keithstraße 1-3, Tel.: 030/ 2119096

10787 Berlin: Arbeitsgemeinschaft homosexueller Lehrer und Erzieher in der GEW Berlin, Ahornstraße 5, Tel.: 030/ 21999326

60528 Frankfurt: Arbeitskreis Homosexualität in der ÖTV, Ingo Marowski, Niederräder Landstraße 70, Tel.: 069/672148

22303 Hamburg: Lesbisch-schwule KollegInnen-Initiative, Magnus Hirschfeld Centrum, Borgweg, 8, Tel.: 040/ 2790069

50672 Köln: Arbeitskreis Homosexualität in der ÖTV, ÖTV Kreisverwaltung Köln, z.Hd. J. Lenk, Hans-Böckler-Platz 1, Tel.: 0221/ 411465

Inzwischen haben sich bundesweit lesbische Polizistinnen und schwule Polizisten organisiert. Auskünfte erteilt die Bundesarbeitsgemeinschaft kritischer Polizisten oder der Arbeitskreis lesbischer und schwuler PolizistInnen in 22303 Hamburg: Magnus Hirschfeld Centrum

***Österreich** (Vorwahl: 0043)*

8010 Graz: Alternativreferat ÖH, Schubertstraße 2-4, Tel.: 0316/ 3210447/26

1013 Wien: AHOG, Arbeitsgruppe für homosexuelle Männer und Frauen in der Gewerkschaft, Postfach 139

***Schweiz** (Vorwahl: 0041)*

3000 Bern: VEHLS. Vereinigung homosexueller ErzieherInnen und LehrerInnen in der Schweiz, Postfach 239

Rechtsberatung

Für eine Rechtsberatung können Adressen von Rechtsanwältinnen etc. über den Lesbenring e.V. erfragt werden. Adresse:

53113 Bonn, Bonner Talweg 55, Tel.: 0228/241357

Adressen von schwulen Juristen können über die BASJ-Bundesarbeitsgemeinschaft schwuler Juristen angefordert werden. Adresse:

10595 Berlin, BASJ, c/o Homosexuelle Selbsthilfe, Postfach 126710

Kirchliche Anlaufadressen

BRD (Vorwahl: 0049)

HuK – Homosexualität und Kirche ist ein Zusammenschluß von Lesben und Schwulen, die sich aufgrund persönlicher Betroffenheit, seelsorgerlicher Arbeit, oder aus Solidarität mit dem Thema Homosexualität und Kirche beschäftigen. HuK besteht seit 1977 und verfügt in über 40 Großstädten über Regionalgruppen.

12207 Berlin: HuK-Info Redaktion, Udo Kelch, Jungfernstieg 7a, Tel.: 030/7726129

53121 Bonn: c/o Evang. Trinitatisgemeinde, Brahmsstraße 14

38112 Braunschweig: Christian Woitalla, Liguster Weg 46, Tel.: 0531/326613

40239 Düsseldorf: Ulrich Schroeter, Brehmstraße 49, Tel.: 02221/188103

60316 Frankfurt: Norbert Katzenbach, Waldschmidtstraße 34, Tel.: 069/495471

34233 Fuldatal: Christoph Alt, Weserstraße 14, Tel.: 0561/813937

22353 Hamburg: Reinhard Schünemann, Quadenweg 71, Tel.: 040/5514232

48153 Münster: Hiltrud Noll, Augustastraße 70, Tel.: 0251/778173

66117 Saarbrücken: Thomas Hummel, Graf-Simon-Straße 12, Tel.: 0681/53860

42107 Wuppertal: Ulrike Kocherscheidt, Düppelstraße 6, Tel.: 0202/440122

LuK – Lesben und Kirche (für die alten Bundesländer) oder *LiK* – Lesben in der Kirche (für die neuen Bundesländer) ist ein bundesweites Netzwerk lesbischer Frauen, die der Kirche nicht beruflich verbunden sein müssen. Die Lesben, die sich hier organisiert haben, kommen aus den unterschiedlichsten Berufen und Lebenssituationen.

10437 Berlin: LiK – Dagmar Harmsen, Stargarder Straße 64, Tel.: 030/4442459

20249 Hamburg: LuK Nordelbien, Evang. Frauenwerk des Kirchenkreises Alt-Hamburg, Loogeplatz 16

Labrystheia ist ein Netzwerk lesbischer Theologinnen in und nach der Ausbildung und existiert seit 1989.

10625 Berlin: Labrystheia c/o Frauenarbeit in der Ev. Kirche, Berlin Brandenburg, Goethestraße 26-30

69117 Heidelberg: Anna S. Weihrauch, Obere Neckarstraße 2

Maria und Martha ist ein Netzwerk von Lesben, die beruflich mit der Kirche verbunden sind, bzw. ihren Unterhalt von der Kirche beziehen.

10836 Berlin: Maria und Martha, Netzwerk, Postfach 110662

20099 Hamburg: MCC- Metropolitan Community Church, Basisgemeinde Hamburg, c/o Prävention e.V., Kleiner Pulverteich 17-21, Tel.: 040/515608

Österreich (*Vorwahl: 0043*)

1011 Wien: Ökumenischer Arbeitskreis Homosexuelle und Kirche, Postfach 513, Tel.: 01/4058778

1100 Wien: Ruth, Vereinigung jüdischer Homosexueller in Österreich, Scheugasse 12/18

5020 Salzburg: Arbeitskreis Homosexuelle und Kirche, Philharmonikergasse 2, Tel.: 0662/841327

Schweiz (*Vorwahl: 0041*)

4006 Basel: HuK, Postfach 215

3011 Bern: HuK, Treffpunkt im AnderLand, Mühlenplatz 11, Tel.: 031/3116353

3604 Thun: HuK, Postfach 100

8023 Zürich: HuK, Postfach 7013

8024 Zürich: Lesbische Theologinnen-LTH, Postfach 356

Anlaufadressen um Informationen und Rat in bezug auf die Möglichkeit der Insemination zu erhalten

BRD (*Vorwahl: 0049*)

FFGZ – Feministisches Frauengesundheitszentrum in:

10777 Berlin: Bamberger Straße 51, Tel.: 030/2139597

01099 Dresden: Karmenzer Straße 52, Hinterhaus, Tel.: 0351/8010553

60486 Frankfurt: Kasselerstraße 1a, Tel.: 069/701218

37073 Göttingen: Goetheallee 9, Tel.: 0551/484530

69115 Heidelberg: Alte Eppelheimerstraße 38

24105 Kiel: Knooperweg 32, Tel.: 0431/94449

80335 München: Nymphenburgerstraße 38, Tel.: 089/ 1291195

90429 Nürnberg: Fürther Straße 154, Tel.: 0911/328262

83059 Regensburg: Badstraße 6, Tel.: 0941/81644

70182 Stuttgart: Kernerstraße 31, Tel.: 0711/296356

Aids-Hilfe

10967 Berlin: Dieffenbachstraße 33

80469 München: Cornelliusstraße 2

***Österreich** (Vorwahl: 0043)*

1090 Wien: Feministisches Frauengesundheitszentrum Trotula, Schwarzspanierstraße 20, Tel.: 01/439397

8010 Graz: Frauengesundheitszentrum, Körösisstraße 3, Tel.: 0316/686411

4020 Linz: Aids-Hilfe Oberösterreich, Langgasse 12, Tel.: 0732/2170

***Schweiz** (Vorwahl: 0041)*

3011 Bern: Frauengesundheitszentrum, Aarbergergasse 16, Tel.: 031/3123120

3001 Bern: Aids-Hilfe, Wylerstraße 109, Postfach 16, Tel.: 031/ 3313334

1201 Genf: Rosa Canina, 4 rue du Mole, Tel.: 022/7386666

Kliniken, die Inseminationen vornehmen und Spermabanken

Holland *(Vorwahl: 0031)*

2025 RC Haarlem: Kennemer Gasthuis, Boerhavelaan 22, Tel.: 023/302302

2311 GC Leiden: Stichting Medisch Centrum voor Geboorteregeling, Kort Rapenburg 1-3, Tel.: 071/126941

9934 JD Delfzijl: Delfzicht Ziekenhus, Jachtlaan 50, Tel.: 059/6044444

6431 XP Hoensbrook: Centrum DE Dem, Verlengde Wilhelmsstraat 14, Tel.: 045/226198

Wer Näheres über die verschiedenen Konditionen erfahren möchte, kann sich an das **FFGZ** in Berlin wenden. Die Frauen aktualisieren in regelmäßigen Abständen die Liste der holländischen Einrichtungen, die für 5,- DM in Briefmarken zu beziehen ist.

USA *(Vorwahl: 001)*

The Sperm Bank of California, 2115 Milvia St. 2nd. Fl., Berkeley, CA 94704, Tel.: 510/841-1858

Fenway Community Health Center. Lesbian-Gay Family and Parenting Services, 7 Haviland Street, Boston, MA 02115, Tel.: 617/267-0999, ext. 282

Pacific Reproductive Services, 542A Castro Street, San Francisco, CA 94114 Tel.: 415/ 4872288

Anlaufadressen, um sich über Amtspflegschaft, Unterhaltszahlungen und andere Leistungen zu informieren.

Die folgenden Ämter können Sie kontaktieren, falls die Behörden vor Ort keine erschöpfenden Auskünfte geben können.

10969 Berlin: Senatsverwaltung für Jugend und Familie, Alte Jacobstraße 12, Tel.: 030/61005-306

28195 Bremen: Senator für Gesundheit, Jugend und Soziales der Freien und Hansestadt Bremen, Bahnhofsplatz 29, Tel.: 0421/361-2450

01097 Dresden: Sächsisches Staatsministerium für Soziales, Gesundheit und Familie, Albertstraße 10, Tel.: 0351/ 5990679

40190 Düsseldorf: Minister für Arbeit, Gesundheit und Soziales des Landes Nordrhein-Westfalen, Postfach 1134, Tel.: 0211/83703

99096 Erfurt: Thüringer Ministerium für Soziales und Gesundheit, Werner-Seelenbinder-Straße 14, Tel.: 0361/ 3407228

22083 Hamburg: Behörde für Schule, Jugend und Berufsbildung der Freien und Hansestadt Hamburg, Postfach 760608, Tel.: 040/29188-2469

30161 Hannover: Niedersächsisches Frauenministerium, Postfach 4120, Tel.: 0511/1201

24100 Kiel: Minister für Arbeit, Soziales, Jugend und Gesundheit des Landes Schleswig-Holstein, Postfach 1121, Tel.: 0431/5961

39116 Magdeburg: Minister für Arbeit und Soziales des Landes Sachsen-Anhalt, Wilhelm-Höpfner-Ring 4, Tel.: 0391/33982

55116 Mainz: Ministerium für Arbeit, Soziales, Familie und Gesundheit des Landes Rheinland-Pfalz, Bauhofstraße 9, Tel.: 06131/160

80797 München: Bayerisches Staatsministerium für Arbeit, Familie und Sozialordnung, Winzerstraße 9, Tel.: 089/1261-01

14473 Potsdam: Minister für Arbeit, Soziales, Gesundheit und Frauen des Landes Brandenburg, Heinrich-Mann-Allee 103, Tel.: 0331/21167

66119 Saarbrücken: Ministerium für Frauen, Arbeit, Gesundheit und Soziales des Saarlandes, Talstraße 43-51, Tel.: 0681/5011

19055 Schwerin: Sozialminister des Landes Mecklenburg-Vorpommern, Werderstraße 124, Tel.: 0385/577294

70178 Stuttgart: Ministerium für Familie, Frauen, Weiterbildung und Kunst des Landes Baden-Württemberg, Hauptstätter Straße 67, Tel.: 0711/6471

65187 Wiesbaden: Hessisches Ministerium für Jugend, Familie und Gesundheit, Dostojewskistraße 4, Tel.: 0611/8171

Anlaufadressen, wenn Sie sich über Pflegschaft oder Adoption informieren wollen

Verbände und Selbsthilfegruppen

69488 Birkenau: Interessengemeinschaft der Adoptiv-und Pflegeeltern. IGAPE c/o Familie Scheller, Am Kirchberg

45276 Essen: Vereinigung der Pflege-und Adoptiveltern, Bochumer Landstraße 215

22081 Hamburg: PFIFF, Pflegekinder und ihre Familien e.V., Holsteinischer Kamp 80

22335 Hamburg: Freunde der Kinder, Preetzer Straße 19

48143 Münster: Bundesverband der Pflege- und Adoptiveltern e.V., Roggenmarkt 9

Landesjugendämter und Zentrale Adoptionsstellen

10369 Berlin: Landesjugendamt. Zentrale Adoptionsstelle. Franz-Jacob-Straße 12

06122 Halle: Landesamt für Versorgung und Soziales, Landesjugendamt Halle, Neustädter Passage 9

20355 Hamburg: Gemeinsame Zentrale Adoptionsstelle der Länder FH Bremen, FH Hamburg, Niedersachsen und Schleswig-Holstein, Kaiser-Wilhelm-Straße 100

76139 Karlsruhe: Landeswohlfahrtsverband Baden, Landesjugendamt, Zentrale Adoptionsstelle, Ernst-Frey-Straße 9

50663 Köln: Landesjugendamt, Zentrale Adoptionsstelle, Kennedy-Ufer 2

55118 Mainz: Landesamt für Jugend und Soziales, Zentrale Adoptionsstelle, Rheinallee 91-101

80634 München: Bayerisches Landesjugendamt, Richelstraße 11

48145 Münster: Landesjugendamt, Zentrale Adoptionsstelle, Warendorfer Straße 25

17033 Neubrandenburg: Landesjugendamt, Neustrelitzer Straße 120

16515 Oranienburg: Landesjugendamt, Kremmener Straße 43

66133 Saarbrücken: Landesjugendamt, Zentrale Adoptionsstelle, Dudweiler Straße 53

65183 Wiesbaden: Landesjugendamt, Zentrale Adoptionsstelle, Bismarkring 9

Anerkannte Vermittlungsstellen für Auslandsadoption

40489 Düsseldorf: Evangelischer Verein für Adoptions- und Pflegekindervermittlung, Einbrunger Straße 82

45276 Essen: Eltern für Kinder, Bochumer Straße 18

60439 Frankfurt: Internationaler Sozialdienst, Am Stockborn 1-3

47906 Kempen: Pro infante/Aktion Kinder in Not, Bahnstraße 68

49031 Osnabrück: terre des hommes, Postfach 4126

Österreich (Vorwahl: 0043)

Adoptionsvermittlung über die Jugendabteilungen aller Bezirkshauptmannschaften oder über:

4020 Linz : Verein der Pflege- und Adoptiveltern, Dametzstraße 43

1010 Wien: Adoptionsstelle des Jugendamtes der Stadt Wien, Neutorgasse 15

1190 Wien: Verein Initiative Pflegefamilien, Rodlergasse 15, Tel.: 01/36871910 (einziger Österreich-Partner des Rumänischen Adoptionskomitees für die Vermittlung rumänischer Heimkinder ins Ausland)

Schweiz (Vorwahl: 0041)

8002 Zürich: Kontaktstelle für Pflegeeltern. Schulhausstraße 64, Tel.: 01/2810080

Anlaufadressen von Eltern-Selbsthilfegruppen homosexuell liebender Töchter und Söhne (Auswahl)

BRD (Vorwahl: 0049)

52062 Aachen: c/o Kontaktstelle für Selbsthilfe, Kaiserplatz 19-21, Tel.: 0241/49009

28832 Bremen: Ursula Schulze, Pavillionstraße 7, Tel.: 04202/2879

44225 Dortmund: Isolde Braun, Lütgenholthauser Straße 99, Tel.: 0231/711208

01277 Dresden: Siglinde Metzger, Enderstraße 44, Tel.: 0351/2517179

40627 Düsseldorf: Markuskirchengemeinde, Sandträgerweg 101, Tel.: 0211/278399

35390 Gießen: Pro Familia e. V., Bahnhofstraße 76, Tel.: 06403/74729

22299 Hamburg: Günther Stümpel, Barmbeker Straße 150, Tel.: 040/479164

64295 Mainz: Steffen Brammer, Groß Gerauer Weg 67, Tel.: 06151/315050

42107 Wuppertal: Ulrike Kocherscheidt, Düppelstraße 6, Tel.: 0202/440122

Österreich *(Vorwahl: 0043)*

1060 Wien: »Rosa Lila Villa«, Linke Wienzeile 102

4013 Linz: HOSI, Postfach 43, Tel.: 0732/609898

Schweiz *(Vorwahl: 0041)*

8053 Zürich: AHM-Angehörige homosexueller Menschen, c/o Paulus Akademie, Postfach 361

Anlaufadressen für lesbische und schwule Jugendliche (Auswahl)

(Vorwahl: 0049)

Jugendnetzwerk Lambda

10115 Berlin: Lambda Berlin e.V., Ackerstraße 12/13, Tel.: 030/2087416

28203 Bremen: Lambda Bremen e.V., Theodor-Körner-Straße 1, Tel.: 0421/71010

50672 Köln: Jugendnetzwerk Nordrhein-Westfalen e.V., Gladbacher Straße 21, Tel.: 0221/5101410

68069 Mannheim: Jugendgruppe Quietschboys, c/o SchAM, Postfach 121841, Tel.: 0621/318594

80459 München: Gleich & Gleich, LesbiSchwules Jugendnetzwerk München, Müllerstraße 43, Tel.: 089/2603056

19055 Schwerin: Lambda Mecklenburg-Vorpommern e.V., Werderstraße 27

Ausgewählte Literatur

Lesben und Mutterschaft

Clunis, D. Merille, Green, G. Dorsey: *Geliebte. Freundin. Partnerin. Eine Ratgeberin für Lesben,* Berlin 1995

Loulan, JoAnn, Nichols, Margaret, Streit, Monica u.a. (Hg.): *Lesben. Liebe. Leidenschaft,* Berlin 1992

Sasse, Birgit: *Ganz normale Mütter. Lesbische Frauen und ihre Kinder*, Hamburg 1995

Streib, Uli (Hg.): *Das lesbisch-schwule Babybuch. Ein Ratgeber zu Kinderwunsch und Elternschaft*, Berlin 1996

Schwule und Vaterschaft

Büntzley, Gerd: *Schwule Väter. Erfahrungen. Polemiken. Ratschläge,* Berlin 1988 (zur Zeit vergriffen, Neuauflage für Herbst 1996 geplant)

Hölscher, Thomas: *Mann liebt Mann. Berichte schwuler Ehemänner und Väter,* Berlin 1994

Siems, Martin: *Coming-Out. Hilfen zur homosexuellen Emanzipation,* Reinbek 1980

Wiedemann, Hans-Georg: *Homosexuell. Das Buch für homosexuell Liebende, ihre Angehörigen und ihre Gegner,* Stuttgart 1995

Winiarski, Rolf: *COMING-OUT TOTAL! Der Ratgeber für ein selbstbewußtes Leben,* Berlin 1995

Adoption und Pflegschaft

Bobinger, Elisabeth: *Wir adoptieren ein Kind*, München 1994
Gerber, Uwe (Hg.): *Ja zum angenommenen Kind. Orientierungshilfen für Adoptiv- und Pflegeeltern*, Stuttgart 1987
Kühl, Wolfgang: *Wenn fremdländische Kinder erwachsen werden*, Osnabrück 1985
Wiemann, Irmela: *Ratgeber Pflegekinder. Erfahrungen, Hilfen, Perspektiven*, Hamburg 1994
– *Ratgeber Adoptivkinder. Erfahrungen, Hilfen, Perspektiven*, Hamburg 1994

Rechtsratgeber

Behrmann, Katrin,Trampenau, Bea: *Mit der Doppelaxt durch den Paragraphen-Dschungel. Rechtsratgeberin für Lesben*, Hamburg 1991
Carnap, Sibylle u.a.: *Rechtsratgeber für Frauen in nicht-ehelichen Lebensgemeinschaften*, Hamburg 1994
Die Schwulen Juristen (Hg.): *Schwule im Recht. Rechtsratgeber für homosexuelle Menschen*, Bamberg 1994

Homosexuelle und Kirche

Barz, Monika, Leistner, Herta, Wild, Ute: *Hättest du gedacht, daß wir so viele sind? Lesbische Frauen in der Kirche*, Zürich 1987
Curb, Rosemary, Nanahan, Nancy: *Die ungehorsamen Bräute Christie. Lesbische Nonnen brechen das Schweigen*, München 1988
Hauser, Maria: *Im Himmel kein Platz? Lebensgeschichten von homosexuell Liebenden*, Linz 1993
Rauchfleisch, Udo (Hg.): *Homosexuelle Männer in Kirche und Gesellschaft*, Düsseldorf 1993
Migge, Thomas: *Kann denn Liebe Sünde sein? Gespräche mit homosexuellen Geistlichen*, Köln 1993

Forschungsliteratur zum Thema Kinder in gleichgeschlechtlichen Haushalten

Bozett, Frederick (Hg.): *Gay and Lesbian Parents,* New York 1987
– *Homosexuality and Family Relations,* New York 1990

Colombok, Susan, Spencer, Ann, Rutter, Michael: Children in Lesbian and Single Parent Households. Psychosexual and Psychiatric Appraisal, in: *Journal of Child Psychology and Psychiatry,* 1983, 24, 551-572

Gibbs, Elizabeth: Psychosocial Development of Children. Raised by Lesbian Mothers: A Review of Research, in: Esther Rothblum (Hg.): *Loving Boldly. Issues Facing Lesbians,* London 1989, 65-75

Gonsiorek, Weinrich (Hg.): *Homosexuality. Research Implications for Public Policy,* London 1991

Green, Richard: *Sexual identity of 37 children raised by homosexual or transsexual parents.* In: American Journal of Psychiatry, 1978, 135, 692-697

Lesbian Custody Group (Hg.): *Lesbian Mothers' Legal Handbook,* London 1986

Homosexuelle Jugendliche

Behrens, Christoph, Ehmke, Hans-Peter (Hg.): *Verstecken? Nie wieder! Eltern-Selbsthilfe und schwule Jugendarbeit in Deutschland. Materialien zur sozialen und politischen Arbeit des Jugendnetzwerkes Nordrhein-Westfalen,* Bd. 6, 1995

Grossmann, Thomas: *Eine Liebe wie jede andere. Mit homosexuellen Jugendlichen leben und umgehen,* Hamburg 1984

Lemke, Jürgen: *Verloren am anderen Ufer? Schwule und lesbische Jugendliche und ihre Eltern,* Berlin 1994

Micus, Andrea: *»... und auf einmal weißt du, dein Kind ist anders«,* Bergisch Gladbach 1992

Zinn, Doris: *Mein Sohn liebt Männer,* Frankfurt 1992

Literatur für Kinder homosexueller Eltern

Schins, Marie-Therese: *2 X Papa oder: Zwischenfall auf dem Pausenhof*, Hamburg 1995 (ab 10 Jahren)

Willhoites, Michael: *Papas Freund*, Berlin 1994 (ab Kindergartenalter)

Quellenverzeichnis

Arditti, Rita u.a. (Hg.): *Retortenmütter. Frauen in den Labors der Menschenzüchter,* Hamburg 1989

Bach, Rolf P.: *Gekaufte Kinder. Babyhandel mit der Dritten Welt,* Hamburg 1986

Bell, Alan P., Weinberg, Martin S.: *Der Kinsey Institut Report über weibliche und männliche Homosexualität,* München 1978

Benjamin, Jessica: *Die Fesseln der Liebe. Psychoanalyse, Feminismus und das Problem der Macht,* Frankfurt am Main 1990

Borthwick, Pru, Bloch, Barbara: *Mothers and Others. An exploration of lesbian parenting in Australia,* Sydney 1993

Brockhaus, Ulricke, Kolzhorn, Maren: *Sexuelle Gewalt gegen Mädchen und Jungen. Mythen, Fakten, Theorien.* Frankfurt am Main/New York 1993

Burke, Phyllis: *Eine Familie ist eine Familie ist eine Familie. Ein autobiographischer Bericht,* Berlin 1994

Corea, Gena: *Mutter Maschine, Reproduktionstechnologien. Von der künstlichen Befruchtung zur künstlichen Gebärmutter,* Berlin 1986

Diele, Beate, Drews, Gerald: *Meine Rechte als alleinerziehende Mutter,* München 1993

Dimski, Andrea: Gleichberechtigung für homosexuelle Eltern? in: *Zeitschrift für Europäisches Privatrecht,* 3/1995, 465-481

Dürmeier, Waltraud (Hg.): *Wenn Frauen Frauen lieben... und sich für Selbsthilfe – Therapie interessieren,* München 1990

Familienrecht. Ehe, Scheidung, Unterhalt, Versorgungsausgleich, Betreuung. Mit Tabellen und Leitlinien, München 1994

Hanscombe, Gillian E., Forster, Jackie: *Rocking the Cradle: Lesbian Mothers. A challenge in family living,* London 1982

Hauberger, Doris, Pankratz, Helga: Gleichgeschlechtliche Partnerschaften. Beziehungszufriedenheit und Darstellung der Beziehung in: *Störfaktor* 11, Heft 2, Jahrgang 3, 1989, 46-60

Heiliger, Anita: *Alleinerziehen als Befreiung. Mutter-Kind-Familien als positive Sozialisationsform und als gesellschaftliche Chance,* Pfaffenweiler 1991

Henrich, Dieter: *Familienrecht.* Berlin 1991

Hess-Diebäcker, Doris: Leihmutterschaft und die Autonomie der Frau in: *LA MAMA! Beiträge zur sozialen Institution der Mutterschaft,* Köln 1989, 181-188

Kentler, Helmut: *Leihväter. Kinder brauchen Väter,* Reinbek 1989

König, Sybille, Thiel, Angelika, Wagner, Gabriele: »Und auf einmal lebte ich so, wie ich immer leben wollte«. Lesbische Mütter – soziale Mütter in: Pieper, Marianne (Hg.): *Beziehungskisten und Kinderkram. Neue Formen von Elternschaft,* Frankfurt am Main/ New York 1994, 45-83

Laabs, Klaus (Hg.) *Lesben. Schwule. Standesamt. Die Debatte um die Homoehe*, Berlin 1991

Lesben – Schwule – Partnerschaften. Dokumente lesbisch-schwuler Emanzipation des Referates für gleichgeschlechtliche Lebensweisen Bd. 9, Berlin 1994

Lewin, Ellen: *Lesbian Mothers. Account of Gender in American Culture,* New York 1993

Martin, April: *The Lesbian and Gay Parenting Handbook. Creating and raising our families,* New York 1993

Münder, Johannes: *Alleinerziehende im Recht. Ein Praxisratgeber,* München 1994

Oberloskamp, Helga: *Wie adoptiere ich ein Kind? Wie bekomme ich ein Pflegekind? Rechtliche Erfordernisse und Folgen, Kindesvermittlung, behördliches und gerichtliches Verfahren,* München 1988

Oesterle-Schwerin, Jutta: Zwei Jahre Lesben-Politik im Bundestag – Wie alles anfing und wie es weitergehen könnte in: *beiträge zur feministischen theorie und praxis* 25/26. Nirgendwo und überall – Lesben, Köln 1989, 201-210

Pädagogischer Kongreß: Lebensformen und Sexualität. Was heißt hier normal? *Dokumente lesbisch-schwuler Emanzipation des Referates für gleichgeschlechtliche Lebensweisen* Bd. 8, Berlin 1993

Reinberg, Brigitte, Roßbach, Edith: *Stichprobe: Lesben,* Berlin 1989

Saphira, Miriam: *Amazon Mothers,* Auckland 1984

Schwab, Dieter: *Familienrecht,* 4. überarb. Aufl., München 1986

Streib, Uli (Hg.): *Von nun an nannten sie sich Mütter. Lesben und Kinder,* Berlin 1991

Tessina, Tina: *In guten wie in schlechten Tagen. Anregungen für homosexuelle Paare,* Reinbek 1991

Alan Davidson, Robert Davidson
Lust aufs Leben
Was Eltern ihren Kindern mitgeben können
Campus concret, Band 5

1996. 225 Seiten
ISBN 3-593-35553-1

Menschen, die eine positive Lebenseinstellung, inneres Gleichgewicht und ein gesundes Selbstwertgefühl haben, sind fürs Leben bestens gerüstet.

Aber wie wurden sie zu dem, was sie sind? Um dem Geheimnis auf die Spur zu kommen, befragten Alan und Robert Davidson über 100 Mütter und Väter glücklicher Kinder, die mit beiden Beinen im Leben stehen.

Hier kommen die »wahren Experten« zu Wort: Eltern, denen es gelungen ist, ihren Kindern alles Notwendige fürs Leben mitzugeben und den Erziehungsalltag möglichst streßfrei zu gestalten. Der reiche Schatz an Erfahrungen und die vom Leben erprobten, oft ungewöhnlichen Erziehungsmethoden bieten Orientierung in allen Grundfragen der Kindererziehung. Für Väter und Mütter ist dieses Buch ein verläßlicher Begleiter im Leben mit Kindern – vom Baby- bis zum Teenageralter.